60歳からの新・投資術

「年金＋月3万円～10万円」で人生が豊かになる

頼藤太希

青春新書
INTELLIGENCE

はじめに

「60歳から投資を始めるなんて遅い」という意識が多くの人の中にあるようです。

しかし今の日本は、人生90年時代。「昔の常識は、今の非常識」というくらいお金の常識は都度変わっていきます。デフレ（物価下落）時代とは異なり、インフレ（物価上昇）時代では預貯金だけでお金を貯めていると、金利がインフレ率を上回るほどではないため、お金の価値が少しずつ減っていきます。

60歳で定年を迎え、90歳まで生きるとしたら30年間あります。30年かけて預貯金を取り崩していく場合、額面の減り以上に目減りしていくことを意味します。こうしたインフレから資産を守るためにも、投資・資産運用は必須の時代を迎えています。

一方で、見方を変えれば、投資・運用できる期間も、定年の60歳から数えて30年あるということです。人生１００年なら40年です。30～40年と投資・運用できる時間があるならば、元本割れせずにお金を増やせる可能性も、増やしつつお金を使うことで「資産寿命」を延ばせる可能性も非常に高くなります。

「60歳から投資を始めるのは遅い」ということは決してありません。

ただ、やみくもに資産形成をしても意味はないでしょう。なぜなら、お金は使うために存在するのであって、お金は使ってこそ価値があるからです。

1000万円の資産があれば、1000万円分の経験・思い出を得ることができます。死んだ時に多くの資産が残っているということは、そのお金を使って得られたはずの経験・思い出を得られなかったと考えることができるわけです。

どんな経験にも「それが一生できなくなってしまう」タイミングがあります。

子育てに置き換えるとわかりやすいかもしれません。おむつを取り替える、幼稚園や保育園に送り迎えする、勉強や部活動に関わる、受験を応援するといったことは、いずれ終わる時がやってきます。子どもも成長するにつれて、外にコミュニティを形成し、家族で過ごす時間も減っていきます。

いずれ行きたいと思っていた海外旅行も、ウイルスが大流行している、円安で旅行費用が高くなっている、などとタイミングをうかがっている間に、健康面での問題が発生して行けなくなってしまうということもありえます。

とはいえ、自分の寿命がわからない中、資産残高が減っていくのを見るのは、なんだか不安にもなるものです。「心の安定＝お金の安定」という背景によって成立する一面があるからです。

そこで検討したいのが、資産の一部を、毎月キャッシュフローを生む資産（高配当株、債券、REIT《リート》など）に替えて死ぬまで保有すること。不労所得があれば、心理的な負担も減り、いざとなれば売却できるオプションもあります。キャッシュフロー資産はあくまでも資産の一部として保有し、残りの資産は運用しながら取り崩していき、人生を豊かにするためのお金として使っていきます。

本書では、60歳からの資産形成の話で終わらず、自分の寿命に向けて、心の安定も得ながら、資産をうまく使い切っていく実践方法を解説しています。

本書を通じて、「富の最大化」ではなく、「幸福の最大化」を目指していく生き方が増えることを心より願っております。

２０２４年6月

頼藤太希

60歳からの新・投資術　目次

第2章 安心の老後生活に向けた、60歳からのコア・サテライト戦略

第3章 資産寿命を延ばしながら上手に使い切る⁉ 賢い出口戦略

第4章 60歳からの投資で検討したい金融商品

第5章 70歳からの資産取り崩し〈運用モデル・シミュレーション〉

終章 必ず来る相場暴落の時、どうする？

DTP・図表作成／エヌケイクルー

※本書で紹介した情報によって発生した損失等につきましては、著者・出版社とも、いかなる責任も負いかねます。投資の最終決定は、内容をよく確認したうえで、自己責任で行うようにしてください。

第1章

60歳から投資をしないほうが
リスキーな時代

1 定年後30年時代、一番の心配は「お金」

日本人の平均寿命は男性が81・05年、女性が87・09年となっています（厚生労働省「簡易生命表」2022年）。ただ、平均寿命は「0歳の平均余命」、つまり0歳の赤ちゃんが平均的にいくつまで生きるかを示したデータです。定年を迎える60歳の平均余命を見ると、男性23・59年、女性28・84年とあります。つまり、60歳まで生きてこられた人は平均的に男性85歳、女性90歳近くまでは生きると考えられます。

さらに、厚生労働省が2023年の老人の日（9月15日）に発表したリリースによると、2023年9月1日時点の100歳以上の人数は9万2139人。1963（昭和38）年の統計開始時は153人でしたが、53年連続で増加しているそうです。今後も、長生きする人が増えることは想像に難くありません。

❖長生きするにもお金がかかる

長寿はおめでたいことではあるのですが、心配になるのは、一番はお金のことではない

（図表1-1）老後生活に対する不安の内容

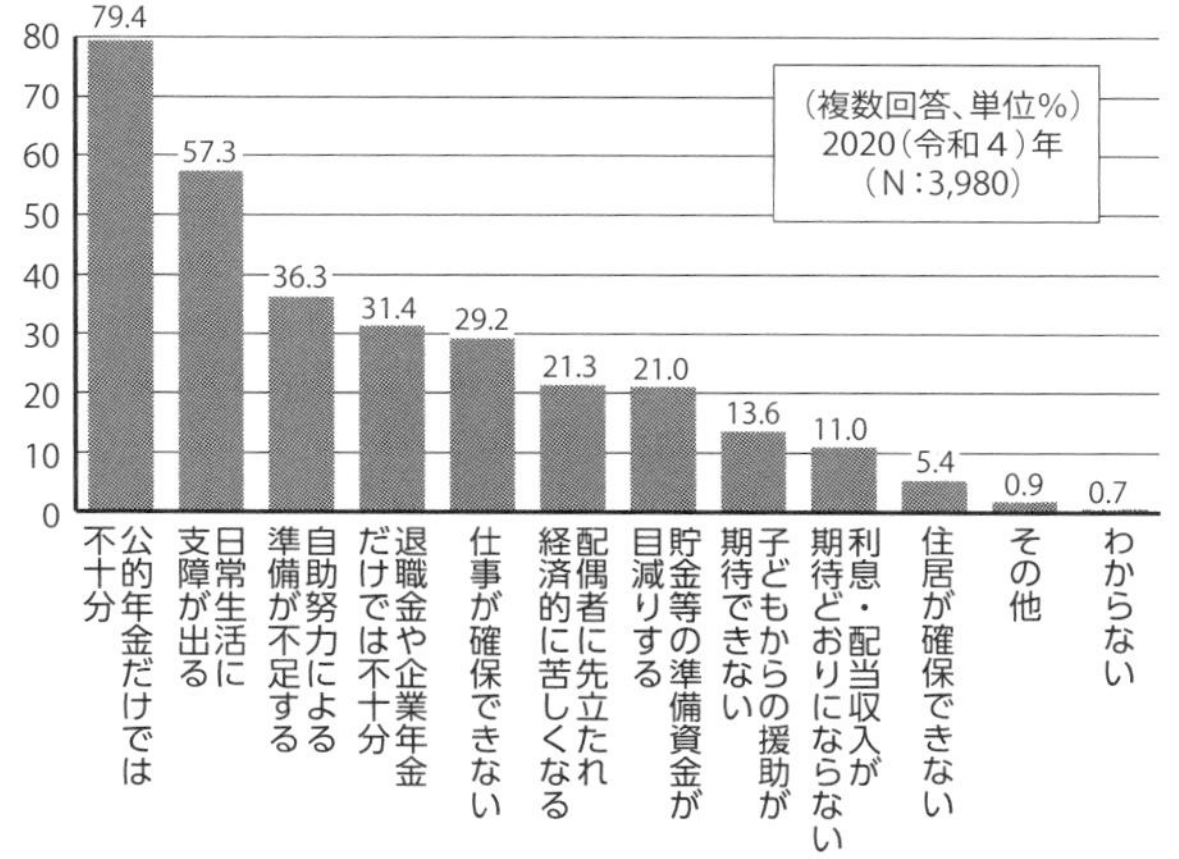

生命保険文化センター「2022（令和４）年度　生活保障に関する調査」より

でしょうか。長生きするということは、その分生活費をはじめとするさまざまな費用が長くかかることでもあります。健康面で問題が出れば、それだけ医療費や介護費もかかってきます。寿命は誰にもわかりませんが、もしもお金が底をついてしまったらどうしよう……と思うのは、無理のない話です。

実際、生命保険文化センターの調査によると、老後生活について「不安感あり」とした人の割合は82・2％にのぼります。「不安感あり」の割合は2013年以降減少傾向にあるとのことですが、それでも8割以上の人が老後生活に不安を抱いています。さらに、その不安の具体的な内容（複数回答）は、図表

(図表1-2) 老後の生活水準

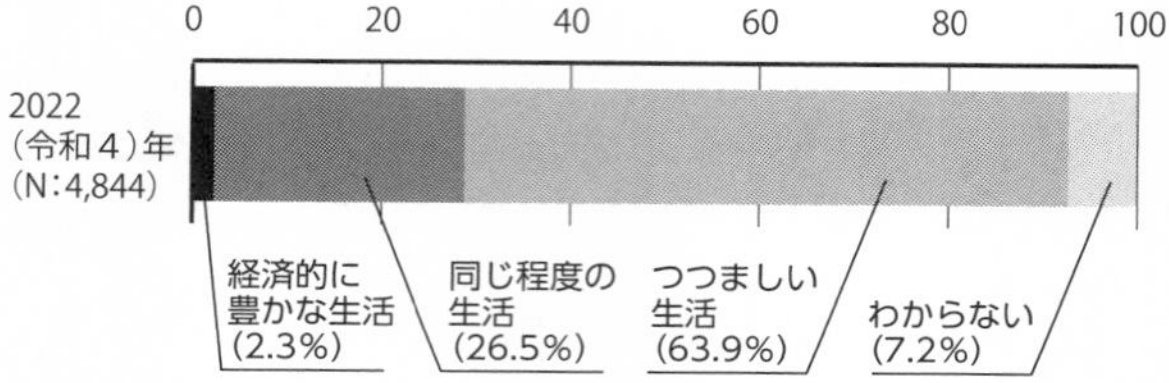

生命保険文化センター「2022(令和4)年度　生活保障に関する調査」より

1－1のようになっています。

老後生活に対する不安のトップは「公的年金だけでは不十分」(79・4%)です。その他にも、「自助努力による準備が不足する」(36・3%)、「退職金や企業年金だけでは不十分」(31・4%)など、お金に関する不安がずらりと並んでいます。

2位の「日常生活に支障が出る」(57・3%)は、健康に対する不安をあげたものだと思われます。

しかし、健康でないならば病院にかかったり、介護を受けたりしなければなりません。そして、病院にかかるのにも、介護を受けるのにも、お金がかかります。健康にも結局、お金の不安がからんでくるのです。

こうした不安を反映してか、自分の老後生活がそれまでの生活と比較して経済的にどう変化すると考えているのかを聞いた質問でも、それまでの生活より「つつましい生活になる

（なった）と思う」と答えた人が63・9％と、全体の約3分の2を占めています。

日本には、老後の公的年金制度があります。確かに金額は「不十分」かもしれませんが、それでも生涯にわたってずっと受け取れるのですから、まったくの一文なしになることはありません。しかし、限られた年金だけでつつましく生活する老後を望む人は、ほとんどいないでしょう。より豊かな老後を送るためには、お金を増やす行動を取る必要があります。

2 年金だけでは生活費が足りない？

老後生活の不安のトップは「公的年金だけでは不十分」でした。ご想像のとおり、年金だけでは生活費が足りない人がほとんどでしょう。

日本の公的年金には、国民年金と厚生年金があります。

国民年金は、20歳から60歳までのすべての人が加入する年金です。40年間（480か月）にわたって国民年金保険料を納めることで、65歳から誰でも満額の年金をもらうことができます。2024年度の国民年金（老齢基礎年金）の満額（月額）は6万8000円となっています。

それに対して厚生年金は、会社員や公務員が勤務先を通じて加入する年金です。厚生年金保険料は、基本的に給料が多ければ多いほど増えます（上限あり）。納める厚生年金保険料が多ければ、もらえる厚生年金（老齢厚生年金）の金額も増えます。

会社員や公務員は厚生年金と同時に国民年金にも加入しています。そのため、老後には国民年金と厚生年金の両方から年金が受け取れます。それ以外の自営業・フリーランス・専業主婦（夫）といった人たちは、国民年金のみの受け取りになります。


２０２２年度の国民年金の平均受給額は月5万６３１６円。男子5万８７９８円、女子5万４４２６円となっています。２０２２年度の国民年金の満額（月額）は6万４８１６円ですから、満額もらっていない人も相応にいることがわかります。

一方、２０２２年度の厚生年金（国民年金含む）の平均受給額は14万３９７３円です。男子16万３８７５円、女子10万４８７８円ですので、約6万円の差があります。女性は妊娠や出産、子育てなどで働く期間が短くなったり、パートなどの非正規雇用で仕事をしたりしていることがこの差につながっています。

厚生労働省の資料によると、２０２４年度の「標準的な年金額」（厚生年金＋２人分の国民年金）は23万４８３円となっています。標準的な年金額は、夫（妻）が働き、その配偶者が専業主婦（夫）だった場合を想定しています。しかし、今や共働き世帯のほうが多い時代です。共働きであれば、厚生年金も２人分もらえます。

共働き世帯で男女別の平均額がもらえた場合は、単純計算で年金額は月約27万円ですので、厚生労働省の示す標準的な年金額よりもたくさんもらえることがわかります。

しかし、年金にも税金・社会保険料がかかります。年金にかかる税金・社会保険料の合計が10％程度と考えると、年金の手取り額は約24・３万円となります。

実際のところ、自分が年金をいくらもらえるかは、毎年誕生月に届く「ねんきん定期便」を見るとわかります。50歳以降に届くねんきん定期便には、今のまま60歳まで年金に加入した場合に65歳からもらえる年金額の目安が記されています。この金額を見れば、老後に使えるお金のイメージができるでしょう。

もっと手っ取り早く概算だけでも知りたいならば、図表１−３をご覧ください。この図表は、23歳から厚生年金に加入した場合にもらえる年金額（国民年金＋厚生年金）の合計額（年額）を示したものです。国民年金は２０２４年度の満額（67歳以下・81万６０００円）、厚生年金は65歳時点での受給額を表しています。

たとえば、生涯の平均年収４００万円の人が65歳まで43年間厚生年金に加入していた場合、65歳からの年金額の目安は１７８万円になる、という具合です。月額に換算すると、およそ14・８万円です。

30年	35年	40年	43年
52歳	57歳	62歳	65歳
115万円	121万円	126万円	130万円
133万円	141万円	150万円	155万円
149万円	160万円	171万円	178万円
162万円	176万円	189万円	198万円
180万円	197万円	213万円	223万円
198万円	217万円	237万円	248万円

※ 65歳未満の金額は65歳時点での受給金額を表示

㈱ Money&You 作成

❖毎月の生活費はいくら不足する？

続けて、生活費を確認してみましょう。２０２３年の総務省「家計調査」のデータから、50～59歳と70～74歳の支出額の平均をまとめたのが22ページの図表１－４です。

50代勤労世帯の支出の合計はおよそ35・３万円なのに対し、70～74歳無職世帯の支出合計は26・８万円。50代の生活費の75・９％となっています。

（図表1-3）年金額概算表

厚生年金加入期間		5年	10年	15年	20年	25年
年齢		27歳	32歳	37歳	42歳	47歳
生涯の平均年収	200万円	87万円	93万円	98万円	104万円	110万円
	300万円	90万円	99万円	107万円	116万円	124万円
	400万円	93万円	104万円	115万円	126万円	138万円
	500万円	95万円	109万円	122万円	136万円	149万円
	600万円	98万円	114万円	131万円	147万円	164万円
	700万円	101万円	120万円	140万円	159万円	179万円

※国民年金満額（81万6000円［67歳以下の金額］）と厚生年金額の目安
※厚生年金：平均年収÷12で該当する標準報酬月額を算定。標準報酬月額×0.005481×加入月数で計算

例年、多少前後はありますが、老後の生活費は50代の生活費の7割ほどです。

生活費の費目をよく見ると、70歳以上で大きく減っているのは「教育」と「交通・通信」です。50代は、子どもが大学生だったりするなど、まだ教育費がかかることもあるでしょう。しかし、70代ともなれば子どもは巣立っているので、教育費がかからなくなっていることが多いでしょう。また、交通・通信の内訳を見ると、自動車の購入・維持・管理にかかる費用が減っています。

さらに、70代以降は50代と異なり、将来のために毎月貯蓄をする必要はなくなります。そうしたお金は支出に回せることを考えても、支出が抑えられていることは納得できるでしょう。

（図表1-4）50代と70代の毎月の生活費はどう違う？

	勤労世帯	無職世帯
	50～59歳	70～74歳
食料	87,847円	79,042円
住居	17,897円	17,039円
（参考）住宅ローン返済費用	40,864円	3,469円
光熱・水道	24,788円	24,227円
家具・家事用品	13,099円	11,094円
被服及び履物	12,317円	5,821円
保健医療	13,767円	16,114円
交通・通信	57,873円	36,540円
教育	26,790円	208円
教養娯楽	32,420円	25,832円
その他の消費支出	66,450円	52,179円
支出合計	353,248円	268,096円
50～59歳＝100%とした場合の割合（住宅ローン返済費用は含まず）	100%	75.9%

総務省「家計調査報告」（2023年）より
㈱Money&You作成

なお、「住居」には住宅ローン返済費用は含まれていませんので、返済がある場合はその金額を上乗せして考える必要があります。賃貸住宅に住んでいる場合、住居費はもっとかかると考えましょう。

夫婦が会社員または公務員の共働きだった場合として、毎月の年金額の手取りは24・3万円、毎月の支出が月26・8万円だったとすると、毎月の収入より支出が約2・5万円多くなっています。この収入・支出が仮に65歳から90歳までの25年間続いたとすると、生活費の不足額は合計750万円です。

家計調査の数字は毎年変わるので、あくまで参考情報ではありますが、年金だけでは生活費が足りない可能性があります。

3 物価が上昇しても、年金受給額はそれほど増えない

前項で紹介した年金の支給額は、物価上昇率や名目手取り賃金変動率に合わせて毎年見直されています。2024年度の年金額は、2023年度より2・7％増加しました。年金額はこれによって確かに増えるのですが、物価や賃金の上昇ほどには増えません。現に、2023年の物価上昇率は3・2％、名目手取り賃金増加率は3・1％でした。

名目手取り賃金増加率より物価上昇率のほうが高い場合、年金額は名目手取り賃金増加率をもとに計算します。ただ、名目手取り賃金増加率がそのまま年金額に反映されるわけではありません。将来の年金給付を維持するための「マクロ経済スライド」という仕組みによって、増加率が抑えられるのです。

2024年度はマクロ経済スライドでマイナス0・4％の調整が行われたため、年金額の増加が2・7％にとどまったというわけです。

年金の改定に用いられる賃金や物価の変動率は、2～4年度前の賃金や物価を平均して

算出したもののため、年金額は物価より遅れて上昇します。物価が上昇したら、翌年度は年金が上がりやすくなると考えることもできます。しかし、その年金額の増加は物価の増加には追い付いていないため、相対的に年金額が目減りしてしまうことになるのです。

老後資金の柱となるお金にはもうひとつ、退職金があります。ただ、退職金の金額は減少傾向にあります。たとえば、厚生労働省「就労条件総合調査」（2023年）によると、1997年には平均で2871万円あった退職金（大学卒）が、25年後の2022年には1896万円と、約1000万円も減っています。そもそも、企業は法律上、退職金を支払う義務はありません。同調査によると、退職金制度のある企業は74・9％。退職金があるる企業のほうが多いですが、5年前（2018年）の同調査では80・5％。支給する企業がやや減っています。

一方、公務員は法律で退職金の支払いが規定されていますが、こちらも不安定です。たとえば国家公務員の場合、2015年度の退職金額は2181万円でしたが、2018年度には2068万円に減少しました。2022年こそ2112万円に回復していますが、今後民間同様に減少する可能性も否定できません。

さらに、政府は退職所得控除の見直しによって退職金への増税を検討しています。

退職所得控除額（所得税・住民税がかからない金額）は、勤続年数により決まります。具体的には、

・勤続年数20年以下…40万円×勤続年数　※80万円に満たない場合には80万円
・勤続年数20年超…８００万円＋70万円×（勤続年数－20年）

という式で計算されます。勤続年数が20年以下だと年40万円なのですが、20年を超えると、20年超の部分は年70万円に優遇される、というわけです。

しかし、この優遇をなしにして、20年超の部分も年40万円にすることが検討されています。そうなれば、20年超勤めた会社員・公務員の退職金への増税となります。２０２４年度の税制改正ではひとまず見送られたものの、２０２５年度以降に再び議論される可能性があります。

❖老後の負担はまだまだ増える可能性あり

収入減に追い討ちをかけるように、老後の負担の増加もあります。

図表1－5は、2021年度（令和3年度）における、65～90歳までの25年間にかかる1人あたりの医療費の目安です。自己負担額の合計は1人あたり189万円程度です。70歳以上の医療費は原則2割負担、75歳以上の医療費は原則1割負担となります。また、毎月の医療費が自己負担の上限を超えた場合は、高額療養費制度を利用することで超えた分が戻ってくるので、負担はそれほど大きくなりません。老後の医療費は1人200万円、夫婦世帯なら400万円程度を見込んでおけばよいでしょう。

ただ、少子高齢化の流れの中で増大する社会保障費用を抑えようと、政府は原則1割の後期高齢者の窓口負担を2割に引き上げることを検討している、とも報じられています。今後、負担が増加することも十分に考えられます。

また、生命保険文化センター「生命保険に関する全国実態調査」（2021年度）によると、介護費用の平均は一時費用が74万円、毎月の費用が8・3万円。また、平均的な介護期間は5年1か月ですので、すべて合計すると約580万円かかる計算です。ただ、実

(図表1-5)65歳から25年間の医療費の目安

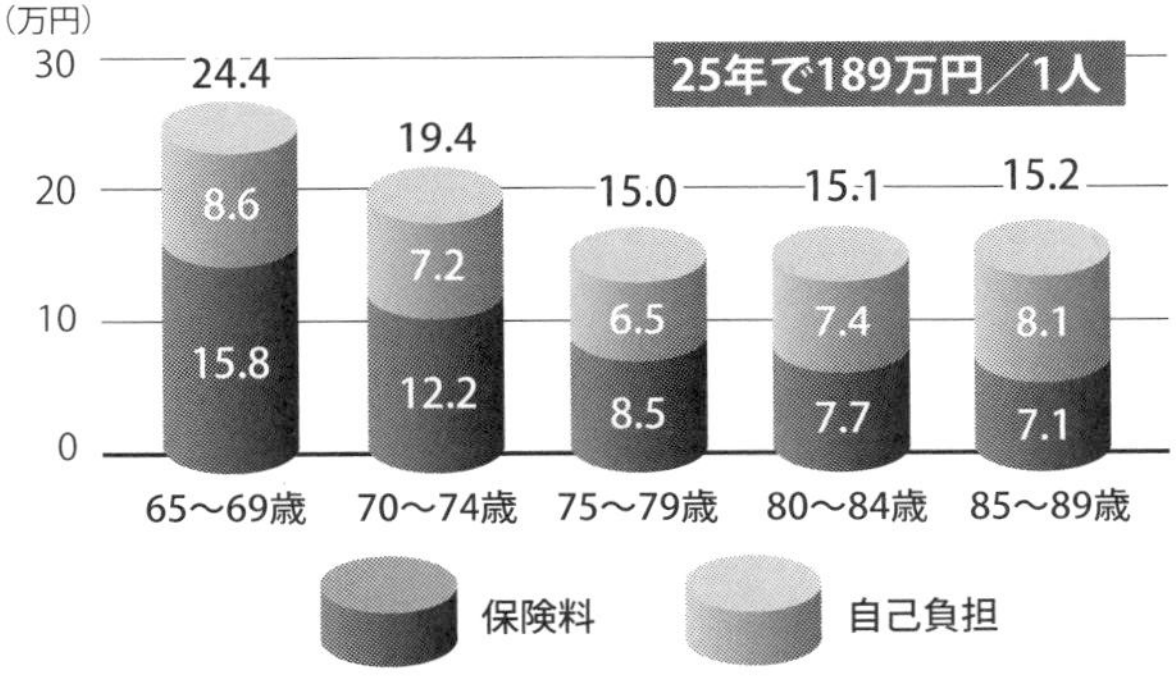

医療保険に関する基礎資料～令和3年度の医療費等の状況～「年齢階級別1人当たり医療費、自己負担額及び保険料の比較(年額)」(厚生労働省)より

際の自己負担額は、公的介護保険によって1～3割の負担のため、これより少ない金額で済むでしょう。

とはいえ、介護保険料も3年に1度の見直しによって、徐々に増加しています。2000～2002年度の全国平均額は2911円でしたが、2021～2023年度の全国平均額は6014円、2024年度は6276円と上昇が続いています。

このように私たちは、収入が減り、負担が増えていく時代を生き抜く必要があるというわけです。

4 定年後の収入源、基本の3本柱

増える老後の負担に対して、収入はどうなるでしょうか？

定年後の収入源には、先に少し紹介した年金に加えて、勤労収入と資産運用収入の3つがあります。

①年金

「年金だけでは生活費が足りない可能性がある」と紹介した年金ではありますが、定年後の収入の柱であることは事実です。決して十分な金額ではありませんが、一度受給を始めれば、生涯にわたって確実にもらえることは、他の収入にはないアドバンテージです。

しかも、年金はもらい方次第で増やすことができます。

たとえば、今の見込みの年金額が少なくても、もらい始める時期を遅らせる「繰り下げ受給」があります。年金の受給開始は原則65歳ですが、繰り下げ受給では、年金を66歳以降にもらいます。年金の受給率は1か月遅らせるごとに0・7％、75歳まで10年間繰り下げることで最大84％も増やすことができます。

50歳以上のねんきん定期便には、受給を70歳まで5年間繰り下げた場合の金額（42％増の金額）・75歳まで10年間繰り下げた場合の金額（84％増の金額）も記載されています。年金は一度もらい始めるとその受給率が一生涯にわたって続きますので、長生きするほどに繰り下げ受給をしていたほうがもらえる年金額が増えることになります。

2章であらためて紹介しますが、年金を増やす方法は繰り下げ受給のほかにもいろいろあります。ねんきん定期便で自分の年金額を確認したうえで、できるだけ多くもらえる方法を検討するのがよいでしょう。

②勤労収入

60歳で定年退職して、年金を65歳からもらうとなると、5年間の無収入期間が生じます。年金の繰り下げ受給をしようとしたら、無収入期間はさらに伸びます。この期間、収入がなくても十分過ごせるだけの資産があるならいいのですが、そんな人は少数派でしょう。健康で働けるうちは働いて勤労収入を得て、そのお金で生活をすることで、無理なく年金の繰り下げ増額を目指すことができます。

高年齢者雇用安定法の改正によって、今は希望すれば65歳まで働けるようになっています。そのうえ、企業には70歳までの就業機会の確保も努力義務として課されています。

もっとも、すでに60歳、65歳、70歳……と働いている人はたくさんいます。内閣府「令和5年版高齢社会白書」によると、60代後半でも男性の6割以上、女性の4割以上が働いています。70歳以降でもまだ男性の4割以上、女性の2割以上が働いているのです。

ただ、60歳以降は収入が下がる傾向にあります。給与所得者の平均給与は50代がピークで、そこからは高齢になるにつれて下がっていきます。パーソル総合研究所の「シニア人材の就業実態や就業意識に関する調査」によると、減額率は平均で44・3％、50％以上下がったという回答も27・6％あります。定年後の働き方には再雇用の他に「再就職」「フリーランス」「起業」などがありますが、どれを選んだとしても定年前より収入は下がる可能性が高いと考えておきましょう。

とはいえ、働くことで収入が得られるのはもちろんのこと、社会とのつながりも持てますし、健康維持にもメリットがあります。事前に用意すべき老後資金を減らすことにもつながるでしょう。

（図表1-6）老後の収入3本柱

①年金収入 定年後を支える メインの収入	原則65歳から生涯もらえる 老後の収入の柱	繰り下げ受給など、年金額を なるべく増やすことを検討
②勤労収入 老後前半を 支える収入	無年金期間や年金繰り下げ 期間の収入をカバー	65歳、70歳と働くことで用意 すべき老後資金を減らせる
③資産運用収入 老後後半を 支える収入	働くのが難しくなる 老後後半の生活を支える	運用しながら資産を取り崩す ことで老後が豊かに過ごせる

(株)Money&You作成

③資産運用収入

いつまでも元気で働き続けることができればよいのですが、高齢になるにつれ、働き続けることが難しくなります。無理して仕事を続けると、身体を壊して余計に医療費がかかる可能性もあります。

勤労収入の減少を補う公的年金の上乗せには、資産運用収入が活躍します。60歳以降も働いていれば、資産運用に回すお金も捻出できます。そうしてお金を増やし、老後後半に資産を取り崩していけば、老後をより豊かに過ごすことができるでしょう。

本書では、60歳からの投資について詳しく紹介していきます。

5 60歳からの投資が老後生活を豊かにする

老後後半の生活を支えるのは資産運用収入だといっても「損したらどうしよう」となかなか投資に一歩踏み出せない人もいるでしょう。もし投資が絶対に当たる宝くじのような、損しないものであるならば、みんな悩むことなく投資をするはずです。しかし、そんなことはありません。投資には損をする可能性もあります。「できることなら損を回避したい」という心理が働くことは、行動経済学でも指摘されています。

ただ、損したくないからと現預金で持っていれば安全かといえば、それもまた違います。物価が上昇するインフレ時代は、現預金にしているだけでお金が減っていく時代だからです。

近年、物価は急激に上昇しています。

総務省がモノやサービスの価格の変動を調べて公表している「消費者物価指数（CPI、2020年＝100）」は、2022年4月以降、2％を超える上昇率となっています。また、2023年の1年間の消費者物価指数は前年より3・1％上昇しました（いずれも、価格変動の大きい生鮮食品を除外した「生鮮食品を除く総合」の指数)。原料高騰や円安の影響などから、大幅な伸びを記録しています。

それに対して、大手銀行の普通預金金利は2024年3月のマイナス金利解除を受けて上昇したものの、それでも年0・02%。100万円を普通預金に預けても利息はわずかに年200円(税引後160円)。ほとんどもらえません。

銀行の預金金利でお金が増えるスピードよりも、物価上昇のスピードのほうがはるかに速いのです。

❖物価が上昇するとお金の価値が目減りする

1個100円のりんごが物価上昇によって年2%ずつ値上がりしたとすると、1年後は102円になります。一方、普通預金に預けた100円は、金利が0・02%ですから、1年後はまだ100円のままです。ですから、1年後にはりんごが買えなくなってしまいます。

お金の側から見ると、同じ100円でも買えるものが減ってしまうのですから、100円というお金の価値が下がった、と考えることができます。つまり、「物価上昇＝お金の

（図表1-7）物価上昇率が０〜３%の場合
１０００万円の価値はどうなるか

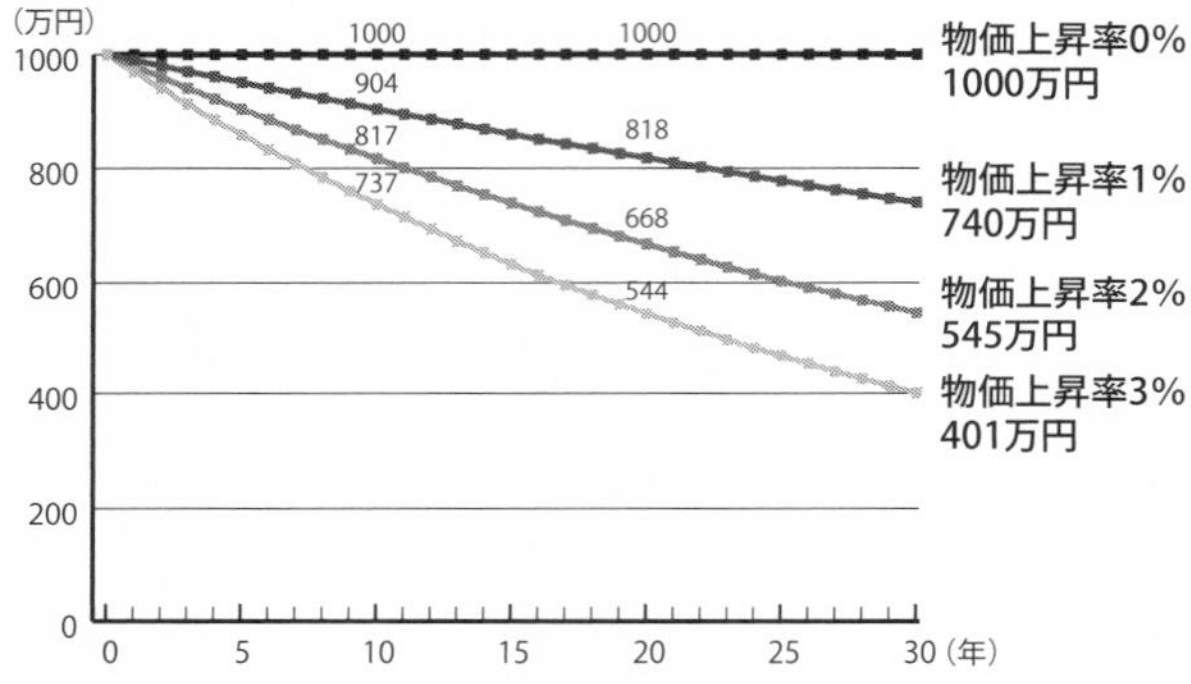

(株)Money&You作成

価値の下落」なのです。

仮に、物価上昇率が0〜3％の状態が30年間続いたとしたら、現金1000万円の価値は図表1−7のとおり、大きく目減りしてしまいます。

物価上昇率が高くなればなるほど、現金の価値は減っていきます。物価上昇率2％が30年続いたら、1000万円の価値は、545万円になってしまうのです。

安全資産のはずの銀行預金であっても預金金利は0・02％であり、物価上昇によって資産が目減りしてしまうので、安心とはいえません。

このような物価上昇があっても資産を目減りさせずに守っていくには、投資が欠かせません。

仮に物価上昇率が3％であっても、投資で資産を物価上昇率以上に増やすことができれば、資産の目減りを防げます。インフレ時代において、60歳からの生活を豊かにするには投資が欠かせないというわけです。

❖投資すれば必ずリターンが得られる？

投資は先述のとおり、お金が増える可能性もあれば、減る可能性もあります。しかし、世界全体に「分散」して「長期投資」を行えば、お金が増える可能性はグッと上がります。

日本は人口が減少していますが、世界の人口は今後も増加していきます。２０２３年の世界人口は80億人を突破、国連の予測では２０５８年には１００億人に達すると推計されています（国連人口基金「世界人口白書２０２２」）。

人口が増えれば、消費が増え、生産も増え、経済は右肩上がりで拡大していくと考えられます。実際、ＩＭＦ（国際通貨基金）が公表している「世界経済見通し」でも、世界全体の経済成長率は概《おおむ》ね年３～４％になると予想しています。20年、30年先……といった将来を考えると、経済が拡大し、株価も上昇する可能性が非常に高いでしょう。ですから、今すぐに投資を始めたほうがよいのです。

『JUST KEEP BUYING～自動的に富が増え続ける「お金」と「時間」の法則』（ニック・

マジューリ著）でも、タイミングを図った投資は理論上魅力的でも難しいことに触れたうえで、できるだけ早く投資することが最適だという話が紹介されています。

ただ、まとまった金額を一気に投資するのは精神的にはあまりよくない方法です。いくら将来値上がりが見込まれるとしても、投資した当初に値下がりしたり、ましてや暴落したりした場合には「本当に値上がりするだろうか」と不安になるかもしれないからです。

こうした不安を解消するには、「長期・積立・分散」という基本3原則を生かした投資をすることがもっとも適しています。

元本割れせずに堅実に増やしたいなら「15年以上」の長期投資を行うことがひとつの目安になります。

投資の名著とされる『ウォール街のランダム・ウォーカー』（バートン・マルキール著）では、１９５０年から２０２０年までのデータで、15年以上長期投資することで元本割れしないという分析結果を紹介しています。また、金融庁の「つみたてＮＩＳＡ早わかりガイドブック」および「NISA早わかりガイドブック」では、１９８５年以降の期間で長期・積立・分散投資を20年続けると、元本割れしないという分析結果を公表しています。

もちろん、これらのデータはあくまで過去のもので、将来も絶対に元本割れしないという保証はありません。しかし、15年以上の期間で投資を続けていれば、仮にその間に暴落があったとしても元本割れしていない可能性は高いと考えられます。

今60歳であっても、希望すれば65歳までは働けますし、70歳まで、さらにはそれ以上の年齢でも働くことができるようにもなっていくでしょう。この間、勤労収入があれば、積立投資のためのお金も捻出できます。

また、働くことをやめても、運用しながら資産を取り崩していくことで資産寿命を延ばせます。

60歳から投資を始めて90歳まで生きるとしたら、30年もの間にわたって資産運用ができます。60代はまだまだ資産形成期。投資をするのに遅すぎることはありません。

6 新NISAをうまく使いこなす

長期・積立・分散投資をするにあたって、最優先で活用したいのはNISA（ニーサ・

少額投資非課税制度）です。２０２４年、それまでの「旧ＮＩＳＡ」から大幅に制度が改正されました。

新ＮＩＳＡは、日本に住む18歳以上の人なら誰でも、生涯にわたって、投資で得られた運用益（売却益・譲渡益、配当金、分配金）にかかる税金をゼロにしながら投資・運用ができる制度です。

新ＮＩＳＡでは、つみたて投資枠と成長投資枠の２つの投資枠を利用して非課税の投資・運用ができます。

つみたて投資枠は、コツコツと投資する積立投資専用の投資枠です。年間１２０万円までの投資で得られた利益が無期限で非課税になります。

つみたて投資枠では、金融庁の一定の基準を満たした投資信託・ＥＴＦ（上場投資信託）に投資ができます。つみたて投資枠の対象商品には、手数料が安く、長期間の投資で資産を堅実に増やすことが期待できる商品が揃っています。

対する成長投資枠は、積立投資だけでなく一括でまとめて投資することもできる投資枠

（図表1-8）新 NISA の概要

	新 NISA	
	つみたて投資枠 ⟺ 併用可能	成長投資枠
対象年齢	18 歳以上	
非課税期間	無期限	
年間投資枠	120 万円	240 万円
生涯投資上限	1 人あたり買付残高 1800 万円 （うち成長投資枠 1200 万円）	
投資商品	国が定めた 基準を満たす 投資信託・ETF	上場株式・ETF・REIT・ 投資信託（レバレッジ 型・毎月分配型を除く）
投資方法	積立	一括・積立
資産引き出し	いつでもできる 売却した翌年に投資元本ベース （簿価残高方式）で枠復活	

㈱ Money&You 作成

です。年間２４０万円までの投資で得られた利益が無期限で非課税にできます。

成長投資枠では、上場株式、ＥＴＦ、ＲＥＩＴ《リート》、投資信託と幅広い商品の中から投資をすることができます。ただし、長期での資産形成に適さない「株式の整理銘柄・監理銘柄（上場廃止・上場廃止のおそれのある株式）」「信託期間20年未満の投資信託」「レバレッジ型の投資信託（先物やオプションといった仕組みを利用して、指標の２倍・３倍の値動きを目指して運用される投資信託）」「毎月分配型の投資信託（分配金を毎月出すタイプの投資信託）」は除外されます。

新ＮＩＳＡで投資できる金額（生涯投資枠）

は1人1800万円までとなっています。つみたて投資枠だけで1800万円投資することもできます。ただ、成長投資枠で投資できる金額は1200万円までですので、新NISAの生涯投資枠を使い切りたいならば、つみたて投資枠でも600万円は投資する必要があります。

新NISAは、いつでも資産を売却してお金を引き出せます。また、生涯投資枠は売却した翌年に「投資元本ベース」で復活します。たとえば、投資金額100万円分の資産が値上がりして200万円（評価益100万円）になった時に売却すると、手元には200万円が戻ってきますが、翌年に非課税枠として復活するのは投資金額の100万円分です。

❖①一生涯にわたって運用益が非課税になる

新NISA最大のメリットは、生涯投資枠1800万円までの投資で得られた運用益が一生涯にわたって非課税になることです。

たとえば、投資した1800万円分の資産が値上がりして1億円になったので売却したという場合でも、運用益の8200万円は非課税で受け取れます。また、株からもらえる配当金・投資信託からもらえる分配金も非課税。投資した1800万円分の資産が値上がりして3000万円になったとして、そこから年3％の配当金（分配金）を得られた場合、毎年90万円の配当金（分配金）を非課税で受け取れます。

②つみたて投資枠の商品が絞り込まれていて選びやすい

つみたて投資枠の商品は、金融庁の定める基準を満たし、届け出が行われた投資信託・ETFのみです。その数は徐々に増えてはいますが、それでも288本（2024年4月25日時点）。私たちが投資できる投資信託は6000本近くある中で、絞り込まれていきます。もちろん、いずれも長期・積立・分散投資に適した、低コストの商品のラインアップとなっています。

③成長投資枠で自由度の高い投資ができる

成長投資枠では、上場株式、ETF、REIT、投資信託と幅広い商品の中から投資できます。投資信託についても、つみたて投資枠にはない商品に投資することも可能です。また、株式も各証券会社で1株（単元未満株）から投資できるようになっています。つみたて投資枠をメインで活用しながら、成長投資枠で個別株に少額投資するといった使い方もできます。

④非課税の投資が手間なくできる

つみたて投資枠での投資方法は積立しかありません。成長投資枠でも積立はできます。積立の設定をすると、指定した日に、指定された金額が自動的に引き落とされ、商品が買い付けられます。いちいち買い付ける手間も、投資タイミングの判断も不要です。

また、積立投資を行うと、ドルコスト平均法の効果が期待できます。ドルコスト平均法とは、定期的に定額購入する方法です。定額のため、商品の価格が低い時にはたくさん買い、高い時には少ししか買わないことになるため、平均購入単価を下げることができます（ドルコスト平均法については60〜61ページで詳述）。平均購入単価が下がれば、その後は少しの値上がりでも利益を出しやすくできます。

⑤資産をいつでも引き出して使える

新ＮＩＳＡの資産はいつでも引き出して使えます。しかも、前述のとおり引き出した翌年に生涯投資枠が復活するので、非課税での投資を続けることができます。

新NISAのデメリット——損益通算・繰越控除ができない

新NISAにもデメリットがあります。それは、損益通算・繰越控除ができないことです。

損益通算とは、複数の課税口座で生じた利益と損失を合算する仕組みです。また、繰越控除は損益通算しても損失がある時に最大3年間その損失を繰り越して、翌年の利益から差し引くことができる仕組みです。どちらも、投資の利益にかかる税金の負担を減らすのに役立ちます。しかし、新NISAは損益通算や繰越控除の対象外となっています（図表1－9）。

新NISAは万能ではない

新NISAはぜひ使っていきたい制度ではありますが、万能な制度ではありません。元本割れの可能性を低くするには、少なくとも15年から20年以上継続して運用を行う必要があります。

（図表1-9）損益通算・繰越控除の例

例：A投信が+20万円、B投信が−30万円の場合

①両方とも課税口座で取引…損益通算・繰越控除できる

課税口座A	課税口座B	
A投信+20万円	B投信−30万円	➡ 損益通算することで、損益は−10万円となるため、税金は0円。損失は繰越控除で翌年以降の利益と相殺できる

②A投信は課税口座、B投信はつみたてNISA…損益通算できない

課税口座A	NISA口座B	
A投信+20万円	B投信−30万円	➡ 損益通算できないため、損益は＋20万円。40,630円の税金がかかってしまう

③両方ともNISA口座で取引…繰越控除できない

NISA口座	
A投信+20万円　B投信−30万円	➡ 損益は−10万円なので、税金は0円。しかし、課税口座のように損失を繰り越し、繰越控除することはできない

(株)Money&You作成

よって、日々の生活のためや数年以内に訪れるようなライフイベントのためには、「新ＮＩＳＡ」を活用するより、元本割れしにくく、少しでもお金を増やせる金融商品が適しています。たとえば、定期預金や個人向け国債などが候補になります。金融商品の詳しい説明は4章であらためて行います。

老後資金のように10年以上使わない将来のためのお金を貯めたり、運用しながら取り崩したりするには最適の制度です。60歳からの投資においても、新ＮＩＳＡはフル活用していきましょう。

7 60歳からの投資は、若い時とは考え方・戦略を変える

就職してから退職までは「資産形成期」です。資産形成期は、将来使う資産を築いていく期間です。退職後は築いてきた資産を取り崩す「資産取り崩し期」に変わります。しかし、資産取り崩し期に入ったからといって、退職日に全額資産を売却して預貯金に切り替えて取り崩すのはおすすめしません。資産運用しながら取り崩すことで、資産寿命を延ばすことができるからです（図表1－10）。

寿命をまっとうした時にお金が綺麗になくなるのが理想なのですが、それを実践するのは少々不安があります。なぜなら、寿命がいつ尽きるかは誰にもわからないからです。資産を取り崩す際には「長生きしすぎてお金がなくなったらどうしよう」と思うでしょう。だからといって、お金を使わないで死ぬ時にたくさん残しておいても、後悔するかもしれません。

こうしたジレンマを解消するために提案したいのが、資産形成期に築いた資産の一部を「キャッシュフローを生む資産」「不労所得が得られる資産」に替えて保有する戦略です。

（図表1-10）資産形成期と資産取り崩し期

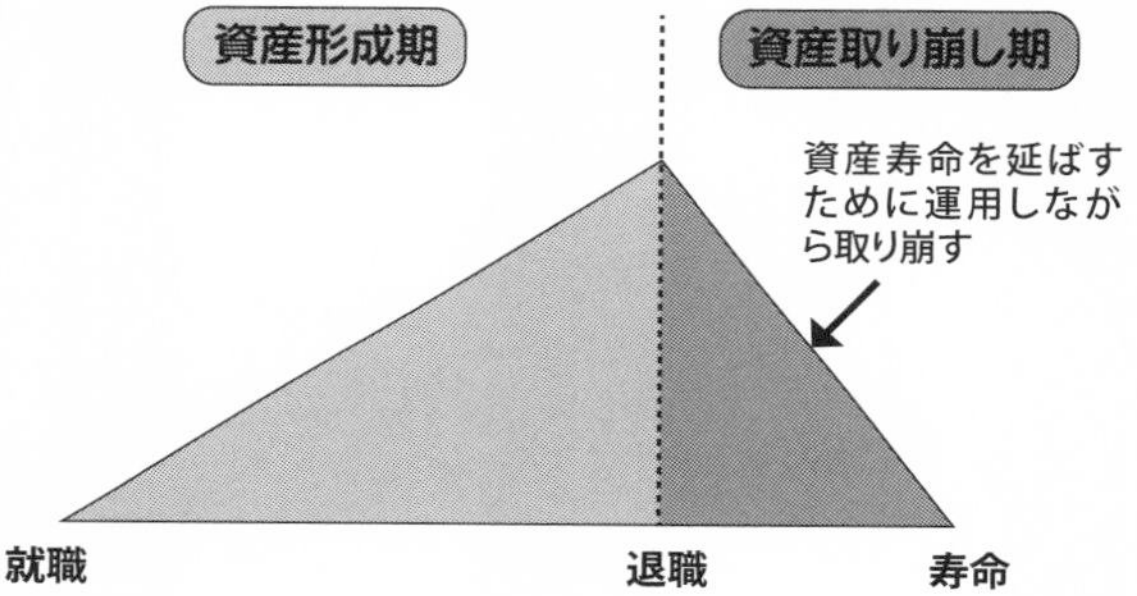

（株）Money&You作成

不労所得があれば、資産の一部を取り崩す時の心理的負担を減らせます。定年後にお金を安定的に得るための強い味方にすることができます。

「キャッシュフローを生む資産」「不労所得が得られる資産」とは、具体的には高配当株や債券、REITなどのこと。これらは、寿命まで持ち続ける前提ですが、売ることももちろんできます（図表1－11）。

そうした選択ができる「オプション」を持ちながら、残りの資産を運用しながら取り崩し、不労所得を得ながら豊かな老後のためにお金を使っていくことを考えるといいのです。

❖60歳以降の投資の指針は？

1章では、多くの人が定年後のお金の不安を抱え

（図表1-11）不労所得が得られる資産を生かした資産取り崩し期

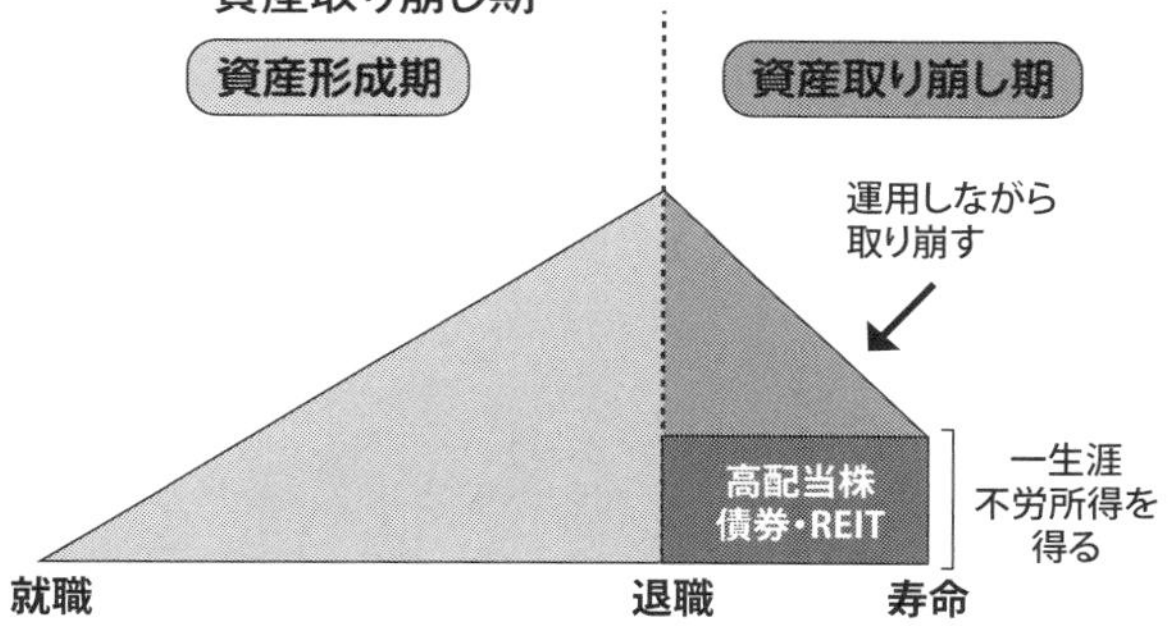

(株)Money&You作成

ていること、定年後の収入や支出の変化、そして定年後の収入源についてお話ししてきました。そして、資産の取り崩しの時期が訪れた時に、豊かに暮らしていくだけの資産を築くには、投資が欠かせないこともおわかりいただけたと思います。

これを踏まえて、60歳以降の投資の指針をまとめておきます。

「人生100年時代」と呼ばれるようになって久しいですが、日本人は今後も長生きになっていくことは間違いないでしょう。そう考えると、60代はまだまだ資産形成のフェーズです。健康状態にもよりますが、働けるうちは働いて勤労収入を得るようにしましょう。定年後の再雇用・再就職では、多くの場合収入が減ってしまいます。しかしそれでも、定年以降、70歳まで働くとしたら、10年間は定期的な収入を得られるので、積立投資ができます。

定年時の退職金を投資に回すのも一案です。ただ、退職金全額を投資に回すことはおすすめしません。退職金を全額注ぎ込んで、大きく値下がりしてしまっては目も当てられないからです。

定年時の預貯金額にもよりますが、たとえば退職金が2000万円あるならば、半分の1000万円は預貯金や個人向け国債などの安全資産で持っておくのがよいでしょう。残りの半分は投資に回してもよいですが、ここでも一括で投資するのではなく、10年かけて毎年100万円ずつ投資するなど、時間の分散を行いましょう。

投資は、新NISAの活用を優先的に考えましょう。詳しい戦略（コア・サテライト戦略）は次章で詳しく紹介します。

70歳以降は、仕事を引退すると勤労収入がなくなるので、新たな投資をすることは難しくなります。そのため、70歳以降は資産の取り崩しフェーズです。

しかし、資産の取り崩しフェーズに入ったからといって、これまで運用してきた資産を一気に取り崩してしまうと、将来的に足りなくなるのではと不安になるかもしれません。そこで、運用しながら資産を取り崩すことを検討します。運用しながら取り崩すことで、資産寿命を延ばすことができるからです。

また、資産の取り崩し方にも大きく「定額取り崩し」と「定率取り崩し」があり、それぞれメリットが異なります。それらを含めた資産運用の出口戦略については3章で取り上げます。

資産をなるべく減らしたくない場合は、資産の一部を配当金や分配金といったインカムゲイン（保有することで得られる利益）が得られる高配当株や連続増配株、高配当株・連続増配株に投資する投資信託やETFなどに替えていくのも一案です。これらを含む金融商品の紹介は、4章で行います。

そして5章では、年金の上乗せとなる資産を100歳まで用意するための運用モデルの例を紹介します。

60歳からの投資でも、人生100年時代を豊かに過ごすだけの老後資金の上乗せは作れます。次章以降詳しく解説します。

第2章

安心の老後生活に向けた、60歳からのコア・サテライト戦略

1 結局のところ、老後資金はいくらあったら安心か？

老後の生活に対する不安の多くはお金に関するものだと紹介しました。確かに、お金が底をついて生活が成り立たなくなるようでは怖いですよね。では、老後資金はいくらあったら安心できるのでしょうか。

以前大きな話題になったのが、いわゆる「老後資金2000万円不足問題」です。2019年6月に金融庁の市場ワーキング・グループが公表した「高齢社会における資産形成・管理」という報告書に「夫65歳以上、妻60歳以上の夫婦無職世帯」では収入と支出の差が約5・5万円あるので、老後の人生が20～30年だとすれば、「不足額の総額は単純計算で1300万～2000万円になる」と大きく報じられたのです。

老後不安を過度に煽られた形になりましたが、真実は、その報告書にあった世帯は、取り崩せる資産があるので約5・5万円を生活に充てていたというだけなのです。資産が少ないのであれば、支出を抑えるでしょうから、年金収入だけで生活できないわけではありません。なお、この報告書が元にしている家計調査の数字は2017年のものです。

2017年時点の家計調査で「夫65歳以上、妻60歳以上の夫婦無職世帯」の収入は20・9万円でした。それが2023年時点での家計調査では「65歳以上の夫婦のみの無職世帯」の収入が年24・5万円に増えています。アンケートを取っているサンプルデータの問題もあるかもしれませんが、年金収入が増えている要因は、専業主婦（夫）世帯が減り、共働き世帯が増えていることが影響している可能性が高いでしょう。

その結果、収入と支出の差が3・8万円と縮小されています。先の報告書と同じように老後資金を計算すれば、30年で「1370万円」となりますので、少なくなりました。

では「2000万円」ではなく「1370万円」を誰もが用意しておけば安心なのかといえば、そうではなく、あくまで平均データの結果です。毎年数字も変わります。

そもそも、人により老後に必要な金額は異なってくるはずです。

自分にとって必要な老後資金は、図表2－1の方法で見積もることができます。

1章で紹介したとおり、70歳以上の夫婦世帯の生活費は現役世代（50～59歳）の生活費のおよそ7割でした。ですから、現在の年間支出の7割を「老後の年間支出」とします。

また、老後の年金額は「ねんきん定期便」を見ればわかります。そして、老後の年間支出から老後にもらえる年金を引くことで、1年間に最低限必要な老後資金がわかります。これに老後の年数をかけると、生活費として最低限必要な老後資金の金額がわかります。

さらにこの金額に、もしもに備えるお金として医療費・介護費（夫婦なら1000万円、シングルなら500万円）を加えれば、用意しておきたい老後資金額がわかります。

本項目の答えとしては、老後資金はいくらあっても不安は尽きないが、自分にとって必要な老後資金を見える化し、そのお金を準備することで一定の不安は和らぐということです。

年金で暮らそうと思えば、意外と暮らせます。まずは安心してください。

ただ、豊かな老後を送りたいなら、別の話。そのためには早いうちから資産形成が必要です。どのように資産形成していくのか、順次解説していきます。

(図表2-1)用意しておきたい老後資金の計算式

現在(現役時代)の年間支出 [　　　　円] ×0.7

＝老後の年間支出 [　　　　円] ❶

(「家計調査」によると、70代の生活費は50代の約7割になっているのが根拠)

老後の年金額(年額) [　　　　円] ❷

老後の年数は30年などで見積もってみましょう

(❶−❷) [　　　　円] ×老後年数 [　　年]

＝最低限必要な老後資金 [　　　　円] ❸

❸＋医療費・介護費
(夫婦なら1,000万円・シングルなら500万円)

＝用意しておきたい老後資金 [　　　　円]

(株)Money&You作成

2 定年後の生活を豊かにする「コア・サテライト戦略」とは？

お金を減らさずに増やし、安定した不労所得を生み出す資産を運用するために取り入れたいのが、「コア・サテライト戦略」です。コア・サテライト戦略は、資産全体を「コア」と「サテライト」の2つに分けて、それぞれに適した資産で運用を行います。

資産の7割以上は、リスクを抑える守りのコア資産、リターンを狙いにいく攻めのサテライト資産は多くても3割までの配分とします。そうすることで、お金を減らさずに増やす運用を目指します。

コア・サテライト戦略は、銀行・生損保・年金などの資産を運用する運用のプロ（機関投資家）たちが活用している戦略です。

各種研究によると、運用成績の9割は「資産配分」で決まることがわかっています。つまり、資産配分を決めることで、みなさんの今後の運用成績がほぼ決まります。時間をかけて、資産配分を決め、それを守って運用することが、お金を減らさずに増やす秘訣です。

（図表2-2）コア・サテライト戦略のイメージ

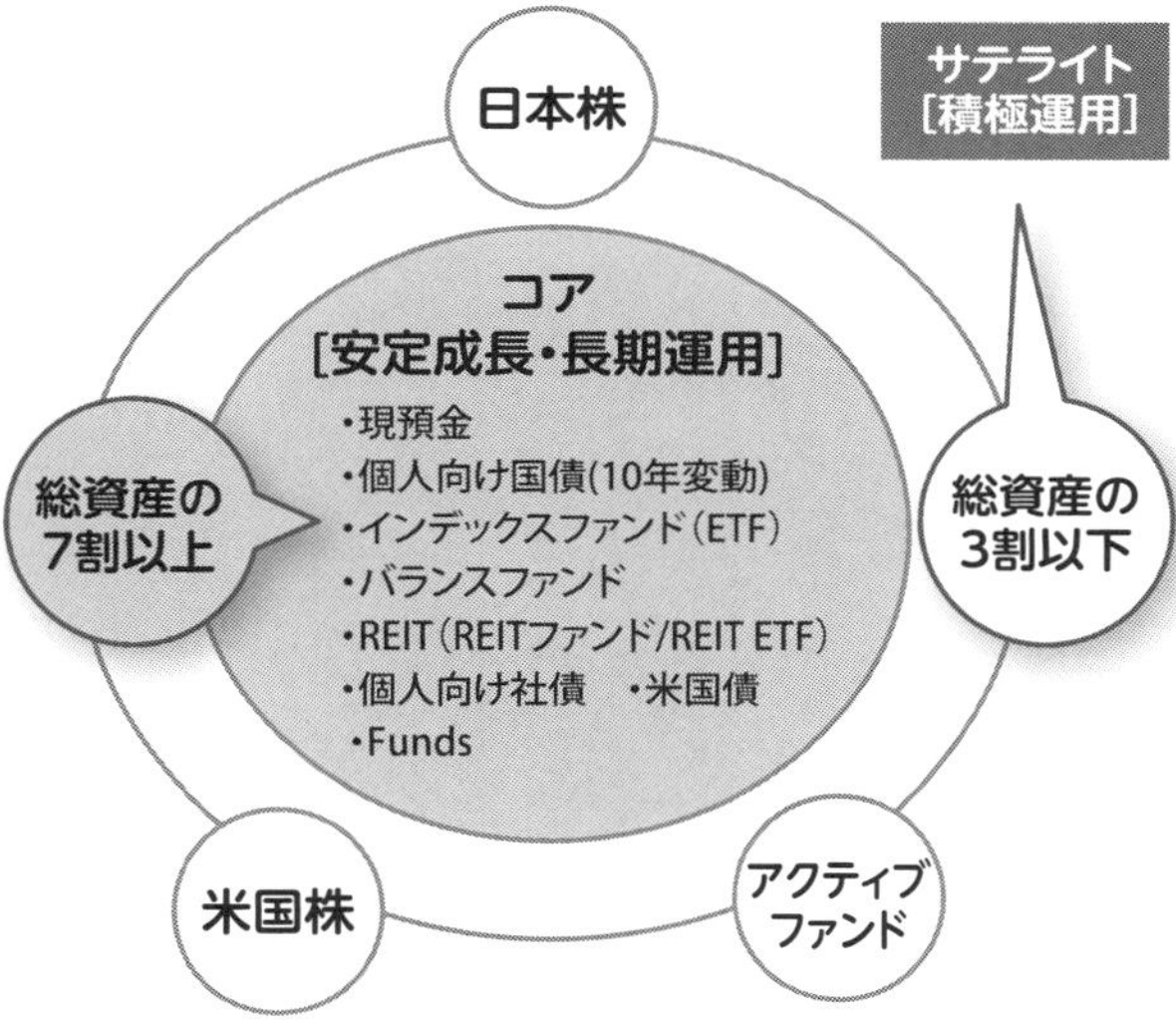

(株)Money&You作成

❖コア・サテライト戦略は個人の投資でも活用できる

個人の投資でも、機関投資家と同様にコア・サテライト戦略を活用できます。

「コア資産」では、預貯金、個人向け国債（10年変動）、インデックスファンド（ETF）、バランスファンド、REIT、REITファンド、REIT ETF、個人向け社債、米国債、Funds《ファンズ》といった、ローリスク・ローリターンからミドルリスク・ミドルリターンまで比較的リスクの低い資産を利用して資産の安定成長を目指します。
「サテライト資産」では、日本株や米国株といった個別株やアクティブファンドなど、リスクの高い資産を利用して利益の積み増しを狙います。

1章でも紹介した「キャッシュフローを生む資産」は、高配当株、高配当株ファンド、高配当株ETF、REIT、REITファンド、REIT ETF、債券ファンド、債券ETF、個人向け社債、米国債、Fundsなどです。

高配当株、高配当株ファンド、高配当株ETF、REIT、REITファンド、REIT ETFは、新NISAで投資することで年数%の配当金・分配金を非課税でもらえますので取り入れたい資産のひとつです。

個々の金融商品の詳しい説明は4章であらためて行います。

❖投資の王道「長期・積立・分散」を実践

値動きと上手に付き合って堅実にお金を増やす「投資の3原則」と呼ばれるのが、長期投資・積立投資・分散投資です。特にコア資産はこの3原則を徹底したいところです。

先にも述べたように、世界経済は人口増大とともに今後も成長するでしょう。経済が拡大すれば、株式市場も成長していきます。「長期投資」をしていれば、その成長に合わせて、お金を増やすことができるというわけです。

また、長期投資は「複利効果」を味方につけることができます。複利効果とは、運用で得た利益を再び元本に組み入れて投資することで、運用金額が増え、リターンも増えていく効果のことです。それに対して単利とは、最初の元本にだけずっと利息がつくものです。複利効果は、アインシュタインが「人類最大の発明」と言ったとされているほど、お金を増やすためには大切な概念です。

たとえば、毎年10万円積み立てることを考えます。この時、毎年3％の金利がつく場合、10年後は単利の場合約117万円、複利の場合約118万円で差は1万円ですが、30年後は単利の場合約440万円、複利の場合約490万円で50万円と大きな差がつきます。

このことから、複利効果を得るには「時間を長くかけること」が重要だとわかります。複利効果を大きくしたいなら、時間を味方につける必要があるのです。

人間が複利効果を軽んじてしまう傾向にあるのは、行動経済学の言葉で言えば「見えない数字の過小評価」によるものです。計算してみないとわからないような事柄は無視しがちなのです。

しかし、みなさんはこの「複利効果」の重要さを知ってしまいました。知ったからには使い倒したいですよね。人間には寿命がありますので、複利効果をできるだけ長く活用したいなら早く始めるしかありません。

また、「積立投資」ならば、投資タイミングを気にせず、淡々と投資ができるので気が楽です。しかも、積立投資をすると商品の価格が安い時にはたくさん、高い時には少ししか買わないため、平均購入単価を下げる「ドルコスト平均法」の効果も得られます。

たとえば、ある投資信託の基準価額（投資信託の値段）が図表2－3のように変動したとします。仮に、基準価額が1万円の時に3万円分（3口分）一括購入していたら、1口あたりの平均購入単価は1万円です。しかし、毎月1万円ずつ定額で購入していたら、1口あたりの平均購入単価は約8476円に。ドルコスト平均法によって平均購入単価が下がると、その後の少しの値上がりでも利益を出しやすくなります。

(図表2-3)ドルコスト平均法

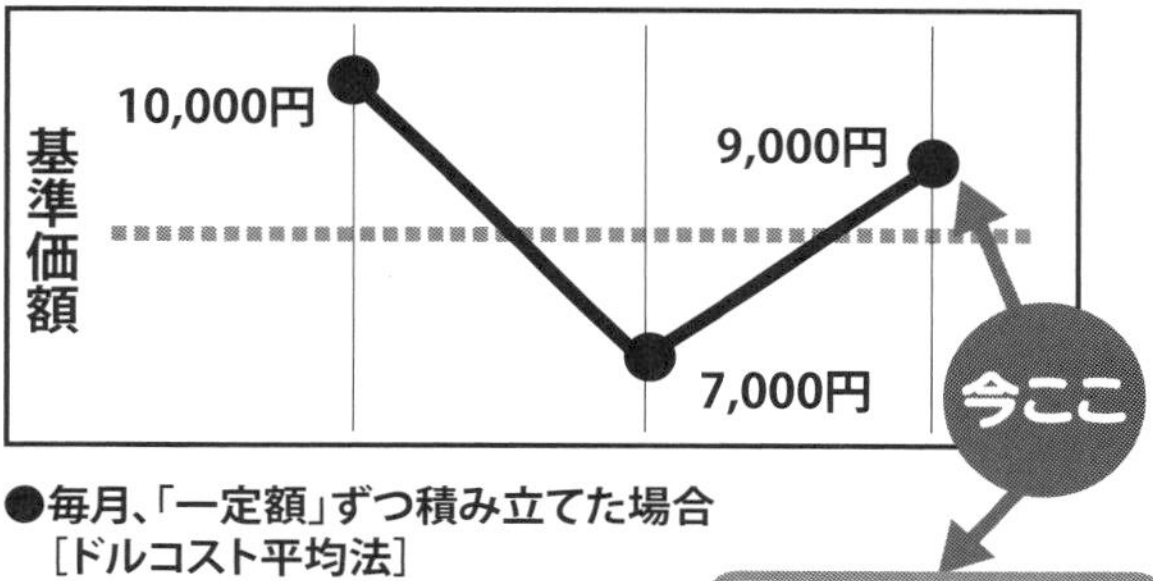

●毎月、「一定額」ずつ積み立てた場合
［ドルコスト平均法］

購入数	1口	約 1.428口	約 1.111口
購入額	10,000円	10,000円	10,000円

●購入数　約3.539口
●平均購入単価
約8,476円
●**利益1,857円**

●同じ投資額で最初の月に一括購入した場合

購入数	3口	0口	0口
購入額	30,000円	0円	0円

●購入数　3口
●平均購入単価
10,000円
●**損失3,000円**

(株)Money&You作成

なお、基準価額が直線的に右肩上がりで上昇を続けるならば、はじめに一括購入するほうが有利です。しかし長期的には緩やかに右肩上がりで上昇するとしても、短期的には上げ下げしながら推移していきます。いつから下がるのか、いつから上がるのかはプロでも予測不可能です。それであれば、積立投資をしていたほうが堅実です。

「分散投資」とは、値動きの異なる複数の資産・地域に資産を分けて投資することです。投資先を分けておくと、そのうちのどれかが値下がりしても損失は大きくなりません。それどころか、他のどれかの値上がりで損失をカバーできる可能性もあります。

一般的に、株と債券は逆の値動きをする関係にあります。景気がいい時には企業の業績が上がるため、株価が上昇します。株価が上がっていくのであれば、債券で保有するよりも株式で運用したほうがいいと考える人が増えるので、債券を売って、株を買うという動きが出てきます。それにより、債券価格は下がり、株価はさらに上がるのです。

反対に、景気が悪くなると企業の業績が下がり、株価も下落します。株価が下がれば、売却して、株よりもリスクを低くしながらリターンが得られる債券を購入する動きが増えます。これにより、株価はさらに下がり、債券価格は上がっていくのです。

株と債券のように、異なる値動きをする資産を組み合わせて保有すれば、資産全体の価格変動リスクを抑えて運用できるというわけです。

株と債券を組み合わせた分散投資を実践しているのが、日本の年金を運用しているGPIF（年金積立金管理運用独立行政法人）です。GPIFは年金積立金（現役世代が納めた年金保険料のうち、年金の支払いに充てていない分）を運用して増やし、将来時点で不足する年金の財源に充てようとしています。ＧＰＩＦは今や、世界一の機関投資家です。ＧＰＩＦは、国内株式・国内債券・外国株式・外国債券の４つの資産に25％ずつ投資することで、お金を減らさずに増やす運用をしています。

❖投資信託は投資先によってリスクとリターンが異なる

投資信託は、投資家から集めたお金をプロが代わりに運用してくれる商品です。運用がうまくいけば利益を得られますが、運用がうまくいかなければ損をすることもあります。

投資信託の投資先は、投資信託ごとに異なります。そして、どの投資先に投資するかでリスクとリターンが異なります。

リスクとリターンにはトレードオフ（比例）の関係があります。図表２－４のとおり、おおよそ債券→不動産（ＲＥＩＴ）→株式の順にリスク・リターンが高くなります。また、同じ投資先でも、国内→先進国→新興国の順にリスク・リターンが高くなります。「ローリスク・ハイリターン」という都合のよい商品はありません。

（図表2-4）投資信託のリスクとリターン

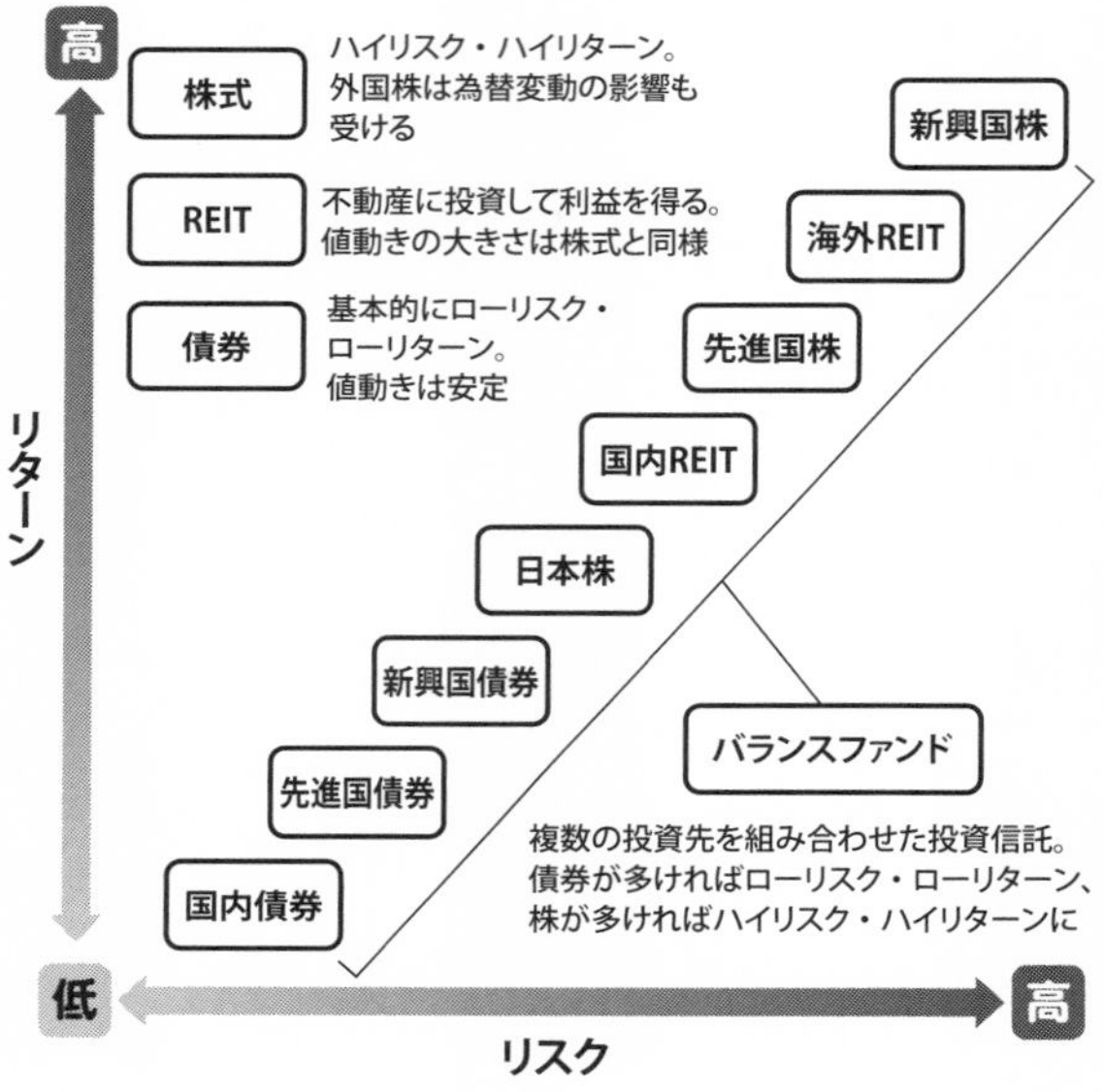
高
株式
ハイリスク・ハイリターン。
外国株は為替変動の影響も
受ける
REIT
不動産に投資して利益を得る。
値動きの大きさは株式と同様
債券
基本的にローリスク・
ローリターン。
値動きは安定
リターン
新興国株
海外REIT
先進国株
国内REIT
日本株
新興国債券
先進国債券
国内債券
バランスファンド
複数の投資先を組み合わせた投資信託。
債券が多ければローリスク・ローリターン、
株が多ければハイリスク・ハイリターンに
低
高
リスク

（株）Money&You作成

複数の投資先を組み合わせた「バランスファンド」と呼ばれる投資信託もあります。バランスファンドのリスク・リターンは、組み入れている国や投資先のリスク・リターンを平均した程度とお考えください。

バランスファンドの中には、上述のGPIFと同じく国内株式・国内債券・外国株式・外国債券の4つの資産に25％ずつ投資する「4資産均等型」と呼ばれるものがあります。これを利用すれば、1本で手軽にGPIFと同様の投資ができる、というわけです。

❖iDeCo・新NISAをフル活用しよう

投資をする時には、iDeCo（イデコ・個人型確定拠出年金）と新NISAをフル活用しましょう。新NISAはすでに1章で紹介していますので、iDeCoの解説をします。

iDeCoは、自分で出した掛金を定期預金・保険・投資信託といった商品で運用し、その成果を原則60歳以降に受け取る制度。国の公的年金（国民年金・厚生年金）の上乗せとなる自分年金を作るのに向いています。

iDeCoのメリットは、掛金の積立時・運用時・受取時の3つのタイミングで税制優遇が受けられることにあります。

まず、毎月積み立てる掛金が全額所得控除になるため、毎年の所得税や住民税を減らせます。そのうえ、新NISAと同じく、運用益が非課税になるので、効率よくお金が増やせます。さらに、受取時に「退職所得控除」または「公的年金等控除」という税制優遇を受けることで、税金の負担を減らせます。

特に、掛金の所得控除の効果は大きなものがあります。たとえば、所得税率10％（住民税は所得税率にかかわらず一律で10％）の会社員がｉＤｅＣｏで毎月２万円の掛金を支払った場合、年間の掛金の合計額（24万円）が所得控除できます。これにより、毎年の所得税が年２万４０００円、住民税が２万４０００円、合計４万８０００円安くできるというわけです。運用の成果は市場の値動きで変わりますが、掛金の所得控除の効果は確実に受けられます。

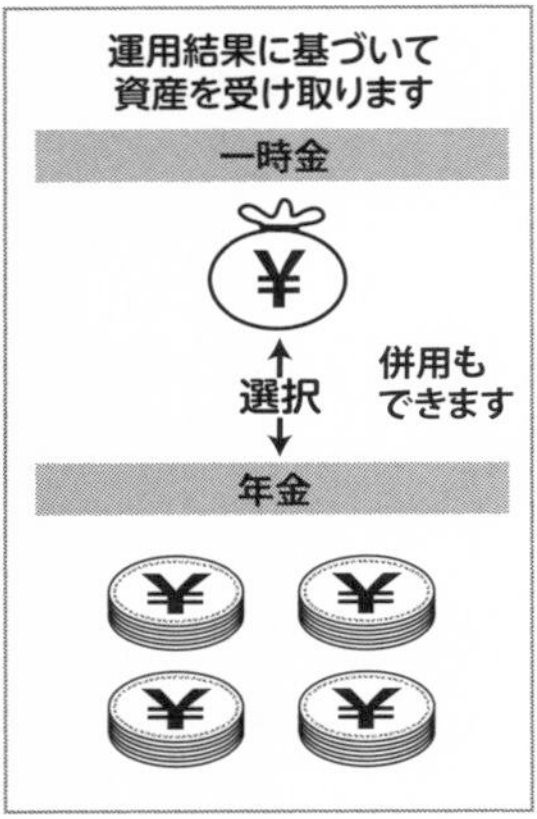

(株)Money&You作成

ただし、ｉＤｅＣｏの資産は原則60歳まで引き出せません。またｉＤｅＣｏに加入して新規の積み立てができる期間は最長でも65歳未満まで（厚生年金・国民年金の任意加入者の場合。その他は60歳未満まで）となっています。65歳（60歳）以降は新規の積み立ては

（図表2-5）iDeCo のイメージ

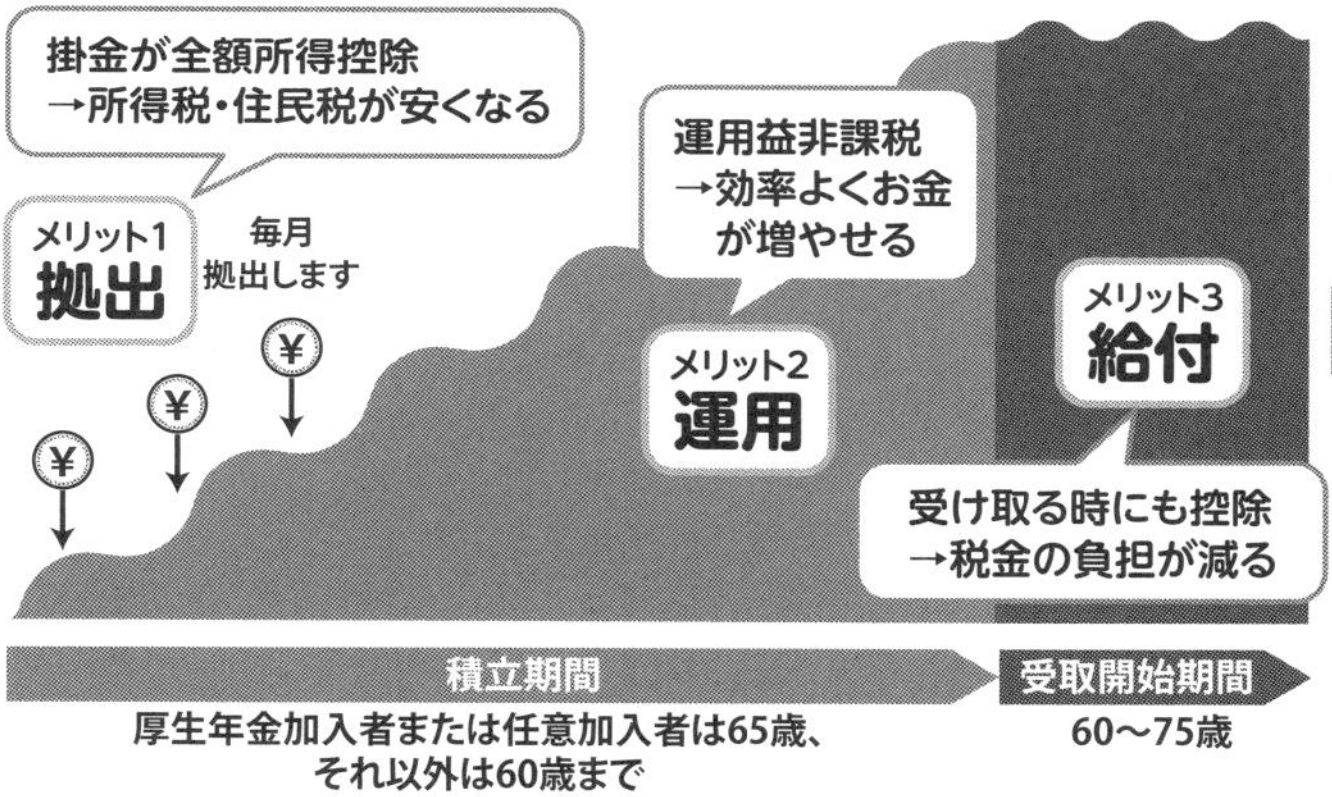

できなくなることには注意しましょう。

ｉＤｅＣｏで築いた資産は60歳から75歳になるまでの間に受け取りを開始するルール。受け取るまでは非課税で運用を続けることができるので、75歳からｉＤｅＣｏの資産を20年かけて年金で受け取る場合、受け取る前の資産は最長で95歳まで非課税にできます。

本書では、新ＮＩＳＡとｉＤｅＣｏの制度の細かい内容については割愛します。新ＮＩＳＡとｉＤｅＣｏについてもっと知りたいという人は、拙著『はじめての新ＮＩＳＡ＆ｉＤｅＣｏ』（成美堂出版）をご参照ください。

3　いざという時の現金はいくら確保しておくのがよい？

コア資産には当然、預貯金（現金）を含みます。問題は、いざという時の預貯金はいくら確保しておくのがよいかですよね。

70歳まで働くことを念頭に、60歳時点で最低限用意しておきたい預貯金の金額は、生活費の1年分にあたる300万〜500万円程度です。

理想をいえば、1章でも触れた医療費・介護費用のお金も含めて、預貯金の金額は1000万円あると安心です。

ただ「いざという時」に、確かにお金はかかるのですが、日本の公的保険制度は充実しています。これを利用すると、思ったよりもお金がかかりません。

●傷病手当金

傷病手当金は、健康保険に加入している人が、業務外のケガや病気で連続する3日間を含む4日以上仕事を休んだ場合、通算1年6か月の間、給与のおよそ3分の2のお金がもらえます。一度仕事に復帰したものの、同じケガや病気で再度仕事を休むという場合にも、通算1年6か月までは傷病手当金がもらえます。違うケガや病気で休む場合は、新たに通算1年6か月の傷病手当金がもらえます。

●労災保険

業務中・通勤中のケガや病気に対して保障や給付を行うのが労災保険です。医療機関にかかる際には療養補償給付、仕事を休むことになったら休業補償給付、障害を負った時には障害補償給付など、多岐にわたる保障・給付が受けられます。

●高額療養費制度

高額療養費制度は、1か月間(各月1日〜末日)に医療機関や薬局の窓口で支払う医療費が自己負担限度額を超えた場合、その超えた額が支給される制度です。たとえば、70歳未満で年収が156万〜約370万円の人の医療費が月100万円かかったとしても、医療費の自己負担限度額は5万7600円になります。

●高額介護サービス費制度

高額介護サービス費制度は、高額療養費制度の介護版のような制度です。介護サービスを利用した時の自己負担額は通常1割（所得が多い場合は2割、3割）。しかし、介護サービスをたくさん利用すると家計の負担が大きくなります。そこで、1か月の介護サービスの自己負担額が一定の上限を超えた場合、その超えた分が戻ってきます。たとえば、住民税の課税対象となる人がいる年収約770万円未満の世帯の場合、負担上限額は4万4400円です。

●高額医療・高額介護合算療養費制度

高額療養費制度・高額介護サービス費制度によって、1か月の医療費・介護費の負担は一定額に抑えることができます。しかし、長期間にわたって医療費と介護費がかかり続けると、家計の負担が大きくなってしまいます。

高額医療・高額介護合算療養費制度では、同一世帯で毎年8月1日~翌年7月31日までの1年間にかかった医療費・介護費の自己負担額が上限を超えた場合、その超えた金額を受け取れます。

4 まずは60歳までに500万円の投資資産を作る

読者の中には、60歳から初めて投資をするという人もいるかもしれませんが、資産形成は早く始めたほうが時間を味方にできるので有利ですし、まとまった資産があったほうがお金の増えるスピードも増します。

60歳までに預貯金300万〜500万円とは別に、500万円の投資資産を作ることを目標にしましょう。

500万円の資産を作るには「投資信託」がおすすめ。新NISAとiDeCoを優先的に活用し、インデックスファンドまたはバランスファンド（↓4章）で積立・分散投資をし、時間を味方につけながら500万円の投資資産を築くことを目指します。

ただし、無理な金額で積み立てるのは禁物です。子どもが高校生、大学生などでまだまだ教育費がかかるという場合は、子どもが巣立つまでお金をたくさん捻出することはできないでしょう。

（図表2-6）60歳&70歳時点での資産作りのイメージ

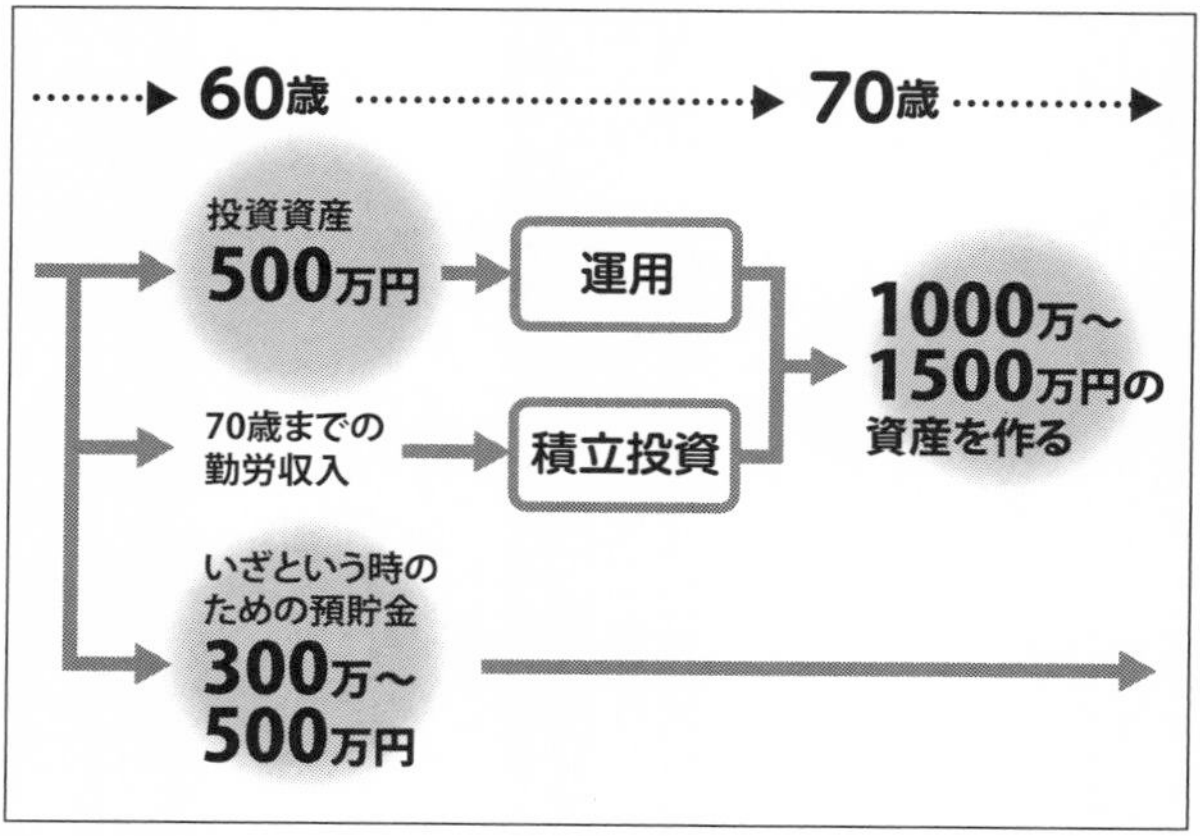

それでも、投資は早く始めて長く続けることが大切ですから、月1万円でも2万円でも、無理のない範囲で投資を始めましょう。

逆に、すでに子どもが巣立つなどして定年までの「最後の貯めどき」を迎えているのならば、50代はもっとも収入の多い時期ですから、月10万円の投資は目指したいところです。

60歳までに500万円の投資資産を作ったら、60歳以降はその500万円の運用に加えて、70歳まで別途、積立投資を行うことで、預貯金とは別に計1000万～1500万円の資産を築けるでしょう。

500万円の運用では、70歳までの10年間で800万円、1000万円などと、老後資

（図表2-7）運用年数・運用利回りから得られる係数表

		運用利回り						
		1%	2%	3%	4%	5%	6%	7%
運用年数	5年	1.051	1.104	1.159	1.217	1.276	1.338	1.403
	10年	1.105	1.219	1.344	1.480	**1.629**	1.791	1.967
	15年	1.161	1.346	1.558	1.801	2.079	2.397	2.759
	20年	1.220	1.486	1.806	2.191	2.653	3.207	3.870
	25年	1.282	1.641	2.094	2.666	3.386	4.292	5.427
	30年	1.348	1.811	2.427	3.243	4.322	5.743	7.612

例）資産500万円を10年間・利回り5%で運用ができた場合

500万円× 1.629=814.5万円 になる計算

㈱Money&You作成

金を増やすことを目指します。具体的に、投資で資産をいくらに増やせるかを知りたい場合は、図表2－7が便利です。

縦の列には運用年数、横の行には運用利回りをとっています。投資資産の金額に係数をかけると、資産がいくらになるかがすぐ計算できます。たとえば、運用利回り5％で10年間運用ができた場合、500万円が「×1・629」で814・5万円になる、というわけです。

なお、500万円といわず、800万円、1000万円と、より多くの投資資金を確保できた場合は、より少ない運用利回りでもお金を多く増やせるため、無理しない運用で済むようになります。

5 70歳までにその資産を増やす①——投資で増やす基本戦略

60歳以降は、60歳までに用意した投資資金を投資に回しつつ、70歳までの勤労収入の一部（毎月1万~5万円程度）の積立投資を10年間続けて行うのが基本戦略です。

仮に10年間、積立投資をした場合、資産総額がいくらになるかをまとめたのが、図表2－8です。

縦の列には毎月の積立金額（1万円単位）、横の行には運用利回り（1~7％）をとっています。縦と横の交わるところにある金額が「毎月の積立金額が◯万円・運用利回りが△％だった場合の資産総額」です。

運用利回りと言われても、どの金融商品に投資をすると、どのくらいの運用利回りが得られるのかイメージがわきにくいかもしれません。ここまでに世界経済は人口増大とともに今後も拡大するので、株式市場も成長していくという話をしました。

ＩＭＦが半年に1度発表している「世界経済見通し（World Economic Outlook)」（2

（図表2-8）掛け金・運用利回りから資産総額がわかる早見表（運用期間 10年）

		運用利回り						
		1%	2%	3%	4%	5%	6%	7%
毎月の積立金額	1万円	126万円	133万円	140万円	147万円	155万円	164万円	173万円
	2万円	252万円	265万円	279万円	294万円	311万円	328万円	346万円
	3万円	378万円	398万円	419万円	442万円	466万円	492万円	519万円
	4万円	505万円	531万円	559万円	589万円	621万円	656万円	692万円
	5万円	631万円	664万円	699万円	736万円	776万円	819万円	865万円

㈱Money&You 作成

024年4月）によると、リーマンショックのあった2009年やコロナショックのあった2020年などは一時的に成長が鈍化していますが、それ以外の年を見ると、世界経済はおおむね年3～4％程度ずつ経済成長しています。

フランスの経済学者トマ・ピケティ氏は著書『21世紀の資本』の中で過去200年以上のデータ分析の結果「r（投資のリターン）＞g（経済成長率）」という不等式が成り立つことを発表しました。

つまり、全世界に投資することで少なくとも年3～4％を超えて、投資のリターンが得られることを示したわけです。もちろん、過去データの研究なので、将来も必ずこうなるという

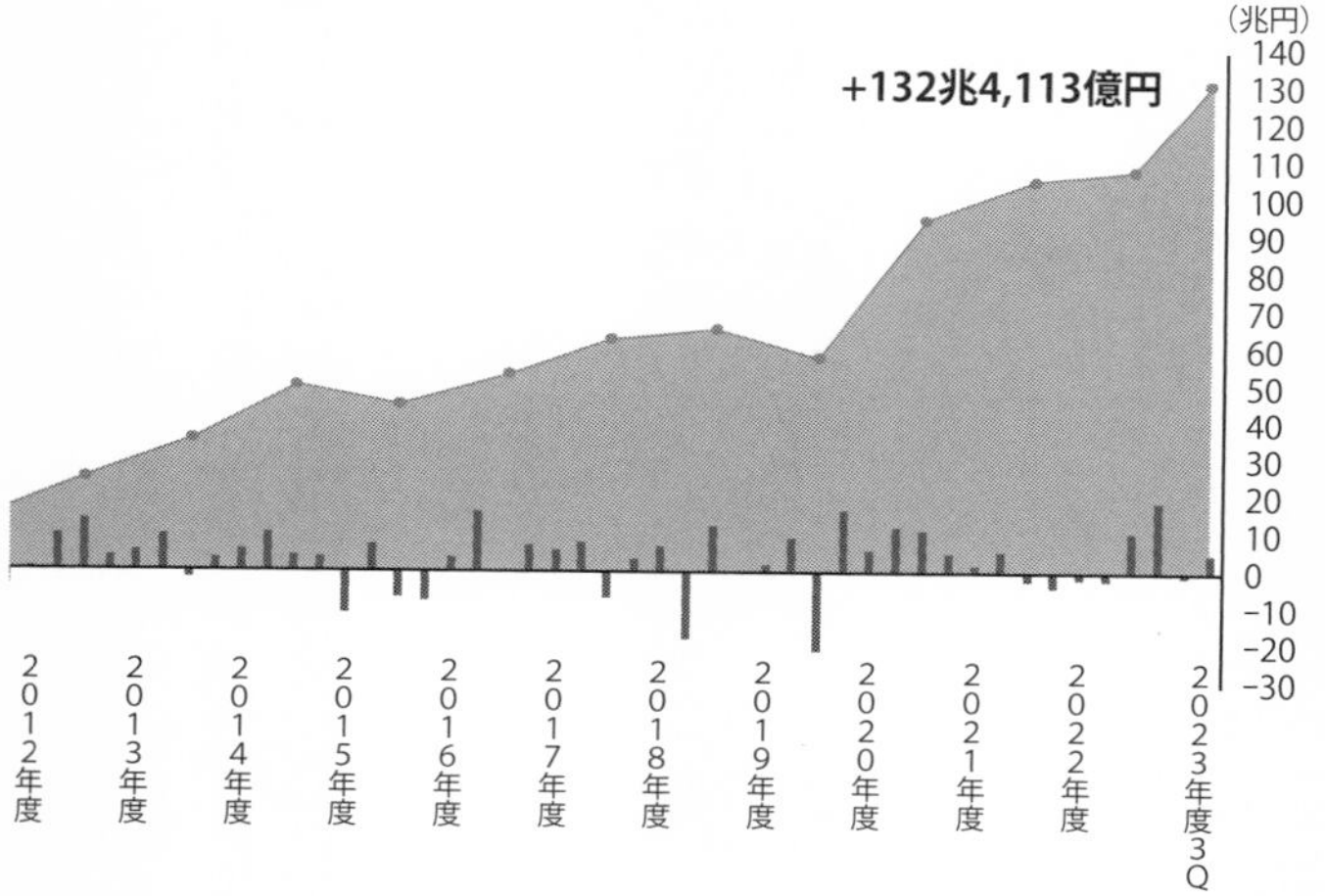

GPIFのウェブサイトより

保証はありませんが、全世界に投資することで少なくとも年３〜４％を超えて、投資のリターンが得られる可能性はきわめて高いといえます。

投資信託の中には、全世界の株式に投資するインデックスファンドがありますが、実際、過去30年のパフォーマンスは年７％を超えています。

これから先も年７％が保証されているわけではないですが、世界の経済成長の恩恵を受けながら、年５％超のリターンを狙える可能性は高いと言えるでしょう。

もうひとつ、前述のＧＰＩＦ（年金積立金管理運用独立行政法人）の運用成績も見てみ

（図表2-9）GPIF の運用成績

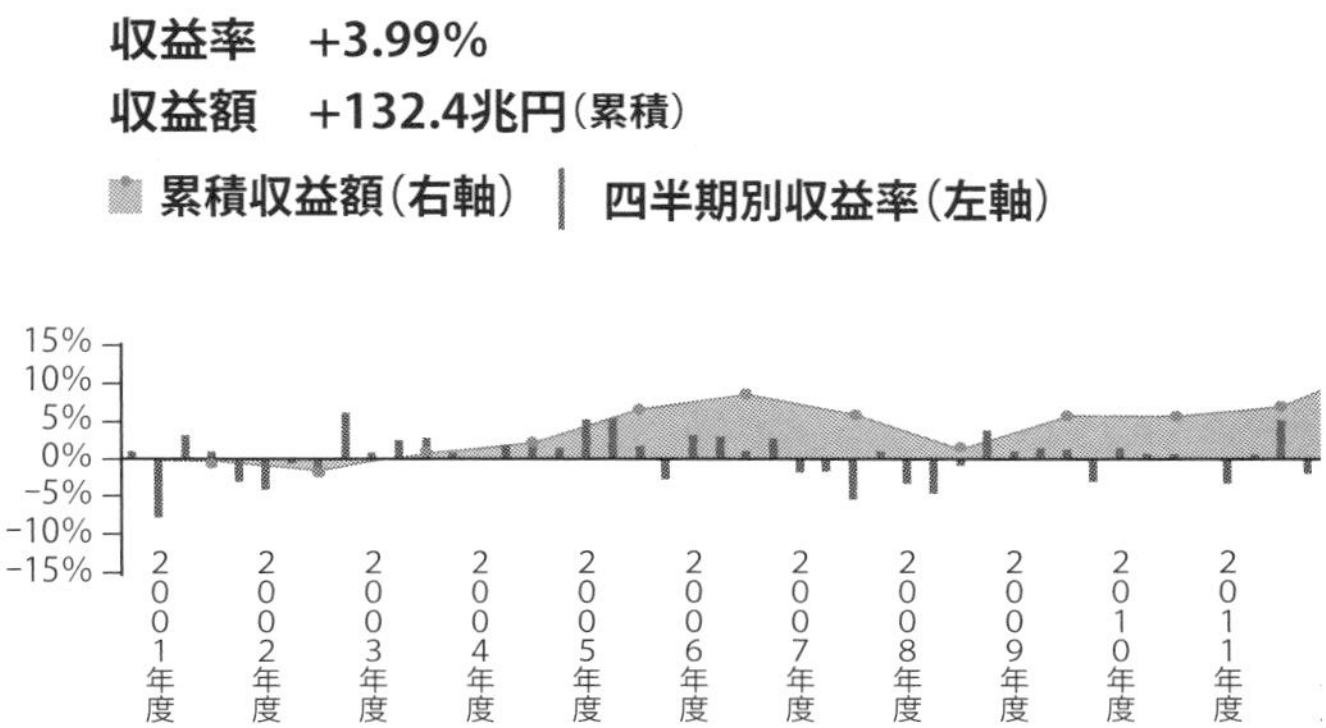

ましょう（図表2－9）。

GPIFが運用を開始したのは2001年度のこと。それから二十余年たった2023年度第3四半期までの収益率は3・99%、収益額は約132・4兆円、そして運用資産額は約224兆円にもなっています。

つまり、国内株式・国内債券・外国株式・外国債券の4つの資産に25%ずつ投資すれば、年3～4%の運用利回りを目指すことが可能だということです。

どんな投資をすると、どのくらいの運用利回りが得られるのかイメージがわきましたでしょうか。

6 70歳までにその資産を増やす②——投資以外でも増やす

老後のお金は、投資以外でも増やすことができます。

●退職金をもらう

前述のとおり、退職金の金額は減少傾向にありますが、退職金の受け取り方を工夫することで、退職金の手取りを増やすことはできます。

退職金の受け取り方には、大きく分けて「一時金」「年金」「一時金&年金」の3種類がありますが、多くの場合、一時金受け取りがもっとも手取りが多くなるでしょう。

●遺産を受け取る

退職金と並んで、大きな金額が入ってくる可能性があるのが、親の財産(遺産)です。

MUFG資産形成研究所「退職前後世代が経験した資産承継に関する実態調査」(2020年)によると、親から自身が相続した財産額の平均は3273万円、中央値で160

（図表2-10）親から自身が相続した財産額

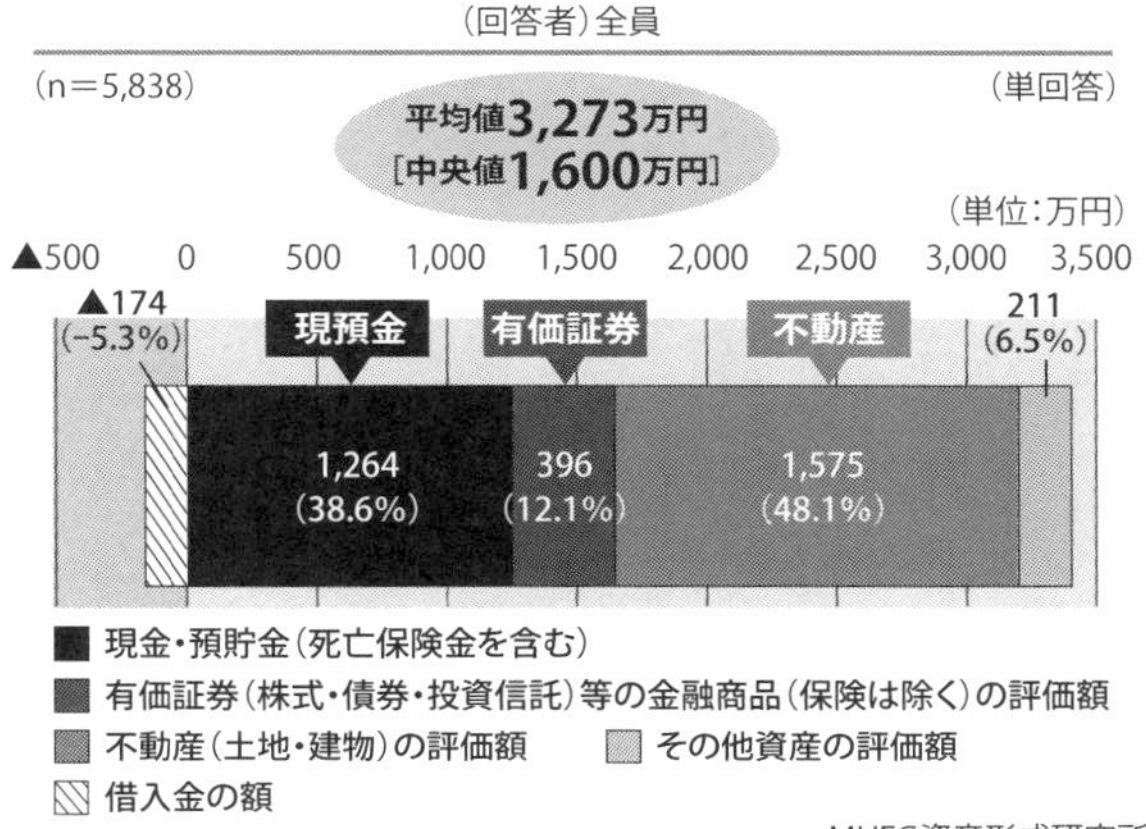

MUFG資産形成研究所
「退職前後世代が経験した資産承継に関する実態調査」（2020年）より

0万円となっています。

同調査によると、相続した現預金の使途のうち66・5％が「預貯金への預け入れ」。次いで「投資商品の購入」ですが、その割合はわずかに9％となっています。遺産のお金も運用に回すことができれば、資産寿命を延ばすことができます。

●勤労収入を得る

勤労収入が得られれば、年金の繰り下げ受給も選びやすくなりますし、労働している期間が長くなれば、老後の期間も短くなるので、必要な老後資金の金額も減らせます。

定年後の働き方は再雇用・再就職だけではありません。

フリーランスとなり「業務委託」の形で仕事を請け負う働き方もあります。業務委託の場合、委託された業務を期日までにこなせばいいので、自分の好きな時間・場所・仕事で稼げます。仕事量も自分で調整できるので、自分の時間も確保しやすいでしょう。専門的なスキルがあれば、会社に勤めるよりも収入がアップする可能性もあります。

個人事業主や起業して、新しく事業を行う方法もあります。自分のしたいことを仕事にできます。

現状、企業には定年後も従業員の希望があれば65歳まで雇用を継続することが義務づけられています。また、70歳までの就業確保を講じる努力義務も課されていますので、再雇用・再就職で70歳までは働けるかもしれません。

業務委託・個人事業主・起業といった働き方を選べば、70歳を過ぎても生涯現役で、働いて収入を得続けることも可能です。

●年金を繰り下げる

年金は66歳以降に受け取りを開始する繰り下げ受給を選ぶことで、1か月受け取りを遅らせるごとに受給率を0・7％ずつ増やすことができます。

（図表2-11）年金の損益分岐点

前提条件
- 東京都在住、独身、扶養家族なし
- 65 歳受給の年金額面 180 万円（月 15 万円）
- 年金以外の収入なし
- 所得控除は基礎控除と社会保険料のみ

＊年金額の手取りは人によって異なりますので、以下のシミュレーションはご参考です

年齢	受給率（%）	年金額面（65 歳 180 万円）	額面ベース損益分岐点（65 歳と比較）	手取りベース損益分岐点（65 歳と比較）
65 歳	100.0%	180.0 万円	－	－
66 歳	108.4%	195.1 万円	77 歳 11 か月	79 歳 11 か月
67 歳	116.8%	210.2 万円	78 歳 11 か月	80 歳 11 か月
68 歳	125.2%	225.4 万円	79 歳 11 か月	81 歳 11 か月
69 歳	133.6%	240.5 万円	80 歳 11 か月	83 歳 2 か月
70 歳	142.0%	255.6 万円	81 歳 11 か月	84 歳 1 か月
71 歳	150.4%	270.7 万円	82 歳 11 か月	85 歳 1 か月
72 歳	158.8%	285.8 万円	83 歳 11 か月	86 歳 1 か月
73 歳	167.2%	301.0 万円	84 歳 11 か月	87 歳
74 歳	175.6%	316.1 万円	85 歳 11 か月	88 歳
75 歳	184.0%	331.2 万円	86 歳 11 か月	89 歳 2 か月

㈱ Money&You 作成

年金の受給を一度始めると、あとはその受給率が生涯にわたって続きます。そのため、何歳まで生きるかで年金の「損益分岐点」が変わります。

図表2－11は、65歳から年金を受給した場合と年金を繰り下げ受給した場合の損益分岐点となる年齢を、年金支給額の「額面ベース」と税金や社会保険料を天引きしたあとの「手取りベース」で表したものです。手取りベースの損益分岐点は前提条件により異なってくるので、参考情報と

してご確認ください。

額面ベースでの損益分岐点は年金額がいくらでも同じです。およそ12年で繰り下げ受給の年金総額が65歳受給の年金総額を追い抜きます。手取りベースの損益分岐点は、額面ベースの損益分岐点より2年程度遅くなります。実際、銀行に振り込まれる年金額は手取りの金額なので、年金の損益分岐点も、手取りベースで考えましょう。

第3章

資産寿命を延ばしながら上手に使い切る!? 賢い出口戦略

1 最後は資産を使い切って死にたい？

老後のお金を貯めることは大切です。ただ、それよりももっと大切なことがあります。それは、貯めたお金を上手に使うことです。お金は貯めることが目的ではなく、将来の自分が使うために貯めるものだと言うと、一見当たり前のことに思えるでしょう。しかし、この当たり前ができている人は、意外と少ないようです。

お金は、ないよりはあったほうがいいことは間違いありません。人生が終わりに近づいてきた時にカツカツの生活を送らざるをえない状況では、後悔しながら死んでいくことになるかもしれません。もしもの時に備えて、最低限のお金は貯めておく必要はあります。

しかし、お金を必要以上に貯めこむ必要はありません。「死んだ時が人生で一番お金持ちだった」という人もいますが、そんな人生は幸せとは言えないのではないでしょうか。

全世界でベストセラーになっている『DIE WITH ZERO《ダイウィズゼロ》 人生が豊かになりすぎる究極のルール』（ビル・パーキンス著）は、タイトルどおり「資産ゼロで死ぬ」をテーマにした本であり、資産形成期に築いた資産を上手に使い切っていくことの重要性を説いています。「資産を残して亡くなったら、その資産を使うことで得られるはずだった経験を得られなかったことになる。人生で一番大切なのは、思い出を作ることだ」と同書は語ります。

仮にあなたが1000万円の資産を残して亡くなったとしたら、1000万円分の経験ができず、その分の思い出が作れなかったということです。この1000万円を仮に時給1500円で週40時間働いて稼ぐとすれば、ざっと3年4か月も働かなければなりません。しかし、そうして働いて貯めた1000万円を使わずに死んでしまったら、タダ働きしたと同じことだとも言っています。

そう指摘されれば、資産を計画的に取り崩し、「資産ゼロで死ぬ」を実践したほうがよいと多くの人が思うのではないでしょうか。早いうちから自分のためにお金を使ってさまざまな経験をし、たくさんの思い出を残したほうが、豊かな人生を送れるでしょう。

よく言われることですが、あの世にお金は持っていけません。お金を貯めこんだまま最期を迎えるよりも、資産をできるだけ使い切って最期を迎えたほうが、人生の幸福感は高いのです。豊かな人生を送るためには、「資産ゼロで死ぬ」意識でお金を使っていくことが大事であると念頭に置きながら、この後の内容を読んでいただければと思います。

2 でも、生きているうちに資産がゼロに近づくのは不安

「資産ゼロで死ぬ」を実践しようと思っても、実際のところ資産を取り崩していって、最期にゼロにするのはなかなか難しいものがあります。なぜなら、寿命をいつ迎えるかは誰にもわからないからです。寿命を予測して、そこに向けてお金を取り崩していったら、「思ったより長生きしてしまった」ということもあるかもしれません。反対に、資産を取り崩し始めて早々に病に倒れ、そのまま亡くなってしまうこともあるかもしれません。

「資産ゼロで死ぬ」を実践するのに躊躇してしまう一番の要因は、資産が少しずつゼロに近づいていくのを見るのが不安であることです。

たとえば、70歳時点で貯蓄が2000万円あるとして、月10万円、年120万円ずつ取り崩していくとします。貯蓄が潤沢なはじめのうちはまだいいでしょう。しかし、常に年120万円ずつ定額で貯蓄を取り崩すと、80歳を迎えるころには貯蓄の残りが800万円

と、当初の半分以下になってしまいます。それでも年１２０万円ずつ取り崩しを続けると、86歳8か月の時点で貯蓄が底をついてしまいます。実際には、貯蓄が底をつく前に取り崩しのペースを緩めるなど、何らかの対策を講じるかもしれませんが、「貯蓄がなくなってしまうかも」と不安に駆られるのも無理はありません。

寿命があらかじめわかっていれば、計画的に資産をゼロにすることができますが、そうでない以上、「資産ゼロで死ぬ」を達成するのはなかなか難しいのです。

「終わりよければすべてよし」という言葉があるとおり、人生の最後が幸せであれば「良い人生だった」と思える可能性が高いでしょう。「資産ゼロで死ぬ」を目指していたら、途中でお金が尽きて人生の最後は貧しく不幸せであれば、「悔いが残る人生だった」となるかもしれません。

そこで、将来の不確実性を考慮しつつ「ほぼDIE WITH ZERO」を目指すために、資産の取り崩し期（70歳前後）に入ったら、

・預貯金　３００万〜５００万円
・キャッシュフローを生む資産　３００万〜５００万円

を確保したうえで、残りの資産を取り崩すことを考えます。

預貯金の300万～500万円は、病気や介護に備えるお金として、取り崩さずに生涯保有を続けます。もしも病気や介護が必要になっても、このお金があれば必要な治療やサービスの利用に困ることはないでしょう。仮に医療費や介護費がかかることなく亡くなったとしても、残った300万～500万円は葬儀代や墓代、あるいは相続などに回せます。

キャッシュフローを生む資産は、基本的には一生涯保有を続けます。そうすることで、定期的に収入を得ることができます。まとまったお金がどうしても必要になった場合には、キャッシュフローを生む資産を売却して使うというオプションもあります。

これらのお金を確保したうえで、残りの資産を取り崩していきます。

3 資産寿命を延ばしつつ、100歳でゼロを目指す出口戦略

資産が早々にゼロになる「資産寿命」を迎えてしまうのは困りものです。それを防ぐた

(図表3-1)資本回収係数

年数＼年利	1%	2%	3%	4%	5%	6%	7%
10 年	0.10558	0.11133	0.11723	0.12329	0.12950	0.13587	0.14238
15 年	0.07212	0.07783	0.08377	0.08994	0.09634	0.10296	0.10979
16 年	0.06794	0.07365	0.07961	0.08582	0.09227	0.09895	0.10586
17 年	0.06426	0.06997	0.07595	0.08220	0.08870	0.09544	0.10243
18 年	0.06098	0.06670	0.07271	0.07899	0.08555	0.09236	0.09941
19 年	0.05805	0.06378	0.06981	0.07614	0.08275	0.08962	0.09675
20 年	0.05542	0.06116	0.06722	0.07358	0.08024	0.08718	0.09439
25 年	0.04541	0.05122	0.05743	0.06401	0.07095	0.07823	0.08581
30 年	0.03875	0.04465	0.05102	0.05783	0.06505	0.07265	0.08059

㈱ Money&You 作成

めに、「運用しながら取り崩す」という観点を取り入れましょう。

前項で紹介したとおり、資産は、ただ取り崩すだけでは早々になくなってしまいます。しかし、資産を運用しながら少しずつ取り崩すことで、資産寿命を延ばすことができます。し、売るタイミングも分散できるので、資産価値が下がったタイミングで一度に売ってしまうことも防げます。

資産を取り崩しながら一定の利回りで運用した場合に、毎年いくら受け取れるかを計算する「資本回収係数」という数字があります(図表3－1)。

なお、以降の計算は運用益に税金がかから

ない「新NISA」で行った場合とします。

表の縦の列には資産の取り崩し年数、横の行には運用利回りをとっています。自分の資産額に、この両者の交差するところの係数をかけると、毎年取り崩せる金額が計算できます。

たとえば、70歳時点でたまった資産2000万円のうち、300万円を預貯金、500万円をキャッシュフローを生む資産に替えたとします。そうして残った1200万円の資産を年利4%で運用しながら、30年かけて取り崩すとします。

この時、30年にわたって毎年受け取れる金額は、「1200万円×0・05783＝69万3960円」となります。月額に直すと約5・8万円です。年利4%で運用できていれば、仮に70歳から毎月資産を5・8万円ずつ取り崩しても、おおよそ100歳まで資産がもつというわけです。

しかも、この例では100歳時点でも300万円の預貯金と500万円のキャッシュフロー資産を確保しています。もしもの時には預貯金が役立ちますし、500万円のキャッシュフロー資産からは毎月取り崩す5・8万円とは別に定期的な収入が得られます。仮に年4%得られたとすれば年20万円、毎月1・6万円ほどですから、毎月取り崩す5・8万円と合わせて月7・4万円です。年金に加えて、月7・4万円が100歳まで受け取れたら、老後の収入として心強いですよね。

❖定額取り崩しと定率取り崩し

前述の取り崩し方法は「定額取り崩し」と言います。毎年4％で運用できる例で計算しましたが、必ずその年利で運用できるわけではありません。

相場が下がることも当然あります。その下がったタイミングでも定額で取り崩していくと、資産寿命が尽きるのは早くなっていきます。そうした弱点があることにまずは留意しなければなりません。

また、比較的体力や気力が充実している老後の前半によりお金を多く使うという視点も入れたいところです。お金を使いたくても「健康」でないとうまく使い切れないですよね。人生を充実させる視点を踏まえて、資産をうまく使い切る「取り崩し方法」を考えてみましょう。

運用しながら取り崩す方法には、大きく分けて「定額取り崩し」と「定率取り崩し」の

（図表3-2）定額取り崩しと定率取り崩し

	定額取り崩し	定率取り崩し
メリット	・毎月（毎年）取り崩す金額が一定でわかりやすい ・生活費のメドが立てやすい	・定額取り崩しよりも資産が長持ちする
デメリット	・定率取り崩しよりも資産の減りが早い ・相場が下がったタイミングで多く取り崩してしまう	・毎月（毎年）取り崩す金額が変動してわかりづらい ・取り崩せる金額が年々減る

㈱ Money&You 作成

2つがあります。

定額取り崩しは、「毎月○円ずつ」と、資産を毎月一定の金額ずつ取り崩す方法。定額取り崩しは、毎月取り崩す金額が一定なのでわかりやすく、生活費のメドが立てやすいのがメリットです。しかし、資産の減りが早いのがデメリットです。

対する定率取り崩しは「毎月資産の○%ずつ」と、資産を一定の割合で取り崩すことです。定率取り崩しのメリットは、相場が下がったタイミングでも多く取り崩しすぎない面もあり、資産が長持ちしますが、受け取れる金額が年々減っていきます。また、毎年取り崩せる金額が変わるので、いくらになるかわかりにくい、というデメリットもあります。

先ほどの例と同様に、70歳から1200万円の資産を取り崩すことを考えてみましょう。「運用せずに96万円（＝

（図表3-3）1200万円の資産取り崩しの比較

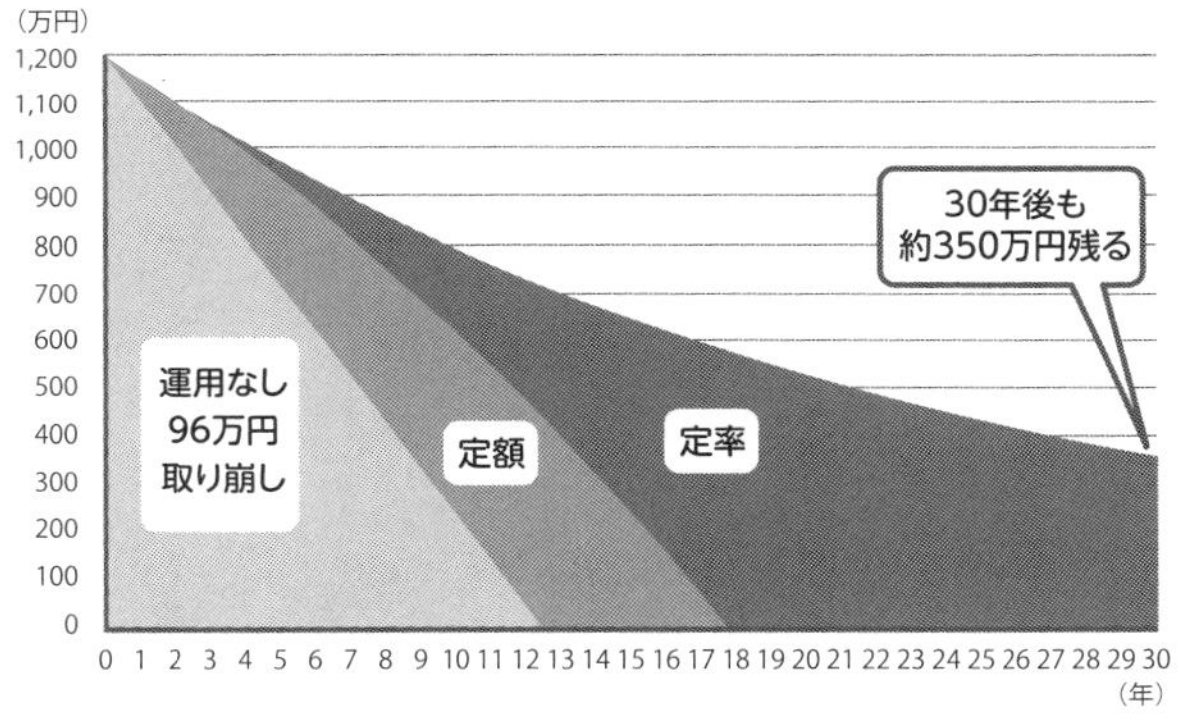

(株)Money&You作成

月8万円計算）ずつ定額で取り崩す」「年4％で運用しながら年96万円ずつ定額で取り崩す」「年4％で運用しながら8％ずつ定率で取り崩す」の3パターンを比較したのが図表3－3です。

運用なしで年96万円ずつ取り崩すと12年半、運用しながら定額取り崩しだと17年半ほどで資産がゼロになりますが、運用しながらの定率取り崩しでは30年後も約350万円残すことができます。

定率取り崩しを利用するともっとも資産寿命を延ばせることがわかります。

とはいえ別途、預貯金300万円、キャッシュフローを生む資産500万円は確保してあるので、取り崩し資産はゼロにして問題ないのに、そうはならない点に留意が必要です。

また、定率取り崩しの場合、たとえば1年目は年96万円の取り崩しになりますが、20年目には44万円ほどにしかなりません。資産額の一定割合の取り崩しなので、年々受け取れる金額が減るというデメリットがあります。

❖「前半定率・後半定額」で上手に取り崩せる

定額取り崩しと定率取り崩しのデメリットを補完する方法としておすすめなのが、資産が多いうちは定率取り崩し、少なくなったら定額取り崩しに切り替える「前半定率・後半定額」戦略です。老後前半の元気なうちはお金をたくさん取り崩して使いつつ、老後後半まで資産寿命を延ばして使い切ることができます。

資産1200万円を取り崩す際、まずは年8％の定率取り崩しを行います。そうして、資産が半分の600万円を切るタイミングで年60万円の定額取り崩しに切り替えます。

運用によって毎年4％増やせたとすると、定率取り崩しによって、16年経過時点まで年96万～52万円程度（月8万～4万3000円程度）を受け取れます。

資産が600万円を切ってきたら、今度は毎年60万円ずつ定額取り崩しを行います。これにより、29年経過時点まで毎年60万円を取り崩して、30年後の資産残額をゼロにすること

（図表3-4）前半定率・後半定額で取り崩した場合

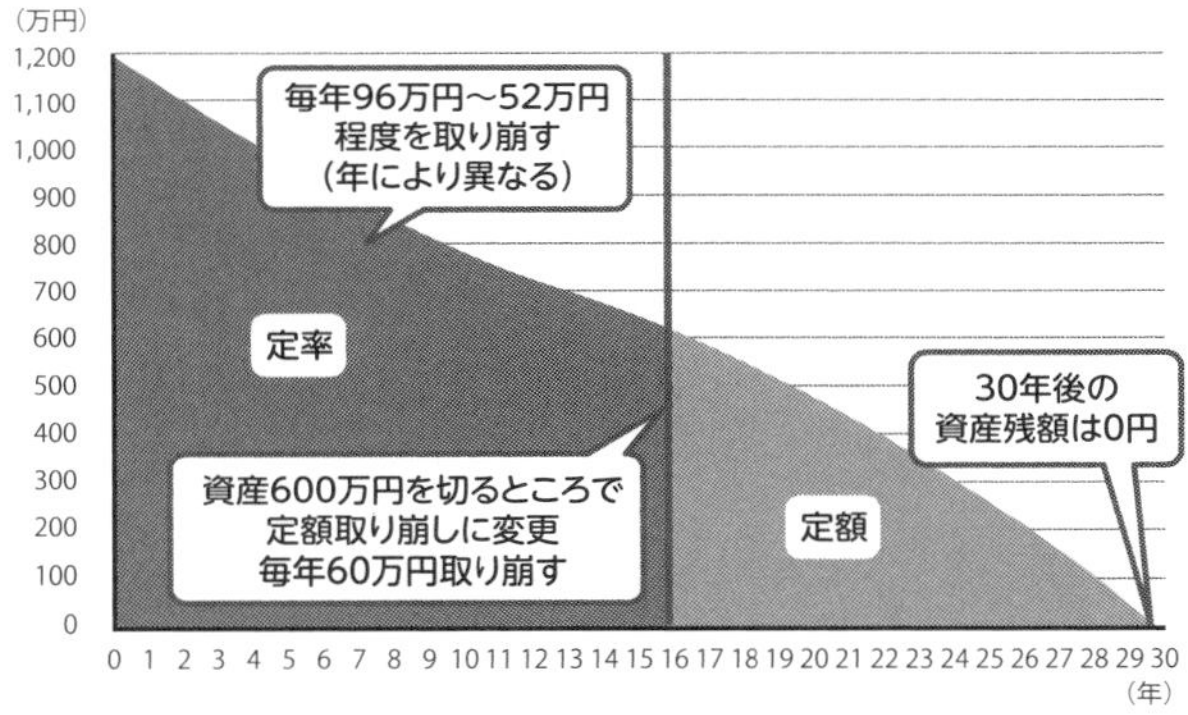

（株）Money&You作成

とができます。

70歳から取り崩しを始めた場合、30年後というと１００歳です。老後の後半は資産残高が減ってきますが、気にする必要はありません。健康寿命を過ぎたあたりから、誰でも活動範囲が減り、お金も徐々に使わなくなっていくからです。

また、資産がゼロになっても年金は生涯もらえますし、前述のとおりキャッシュフローを生む資産５００万円から年４％（年20万円）の配当をもらえれば月約１・６万円の上乗せもあります。収入がゼロになることはありません。「ほぼ DIE WITH ZERO」を達成しながら、お金の不安なく過ごすことができるはずです。

金融機関によっては、運用している商品を決まった日に売却して取り崩してくれるサービスもあります。

たとえば、楽天証券の「定期売却サービス」では、楽天証券で保有している投資信託を自動的に売却することができます。受取日は毎月1回、1日~28日の間で指定可能。受取方法は毎月1000円以上1円単位で定額取り崩しを行う「金額指定」や、毎月0・1%以上0・1%単位で定率取り崩しを行う「定率指定」を選ぶことができます。

年金収入、キャッシュフロー資産の収入、「前半定率・後半定額」の運用取り崩しによって月々の手取りがどうなるのかシミュレーションしてみました。

●前提条件

・70歳で退職

・70歳から年金受け取り（月の手取り18万円）

65歳時点の年金額面は月14万円、70歳に繰り下げると1・42倍の約20万円

額面の10％が税金・社会保険料とすると、月の手取りは18万円

・70歳から資産2000万円を活用する

●資産の取り崩し方

①貯金300万円は取り崩し資産に含めず、もしもに備えて残す

②新NISAで高配当株500万円を一生涯保有（配当利回り4％）

↓年20万円（月1・6万円）が非課税で受け取れる

③残りの1200万円を新NISAで年4％運用しながら取り崩す

※前半定率8％、後半定額年60万円で取り崩すと仮定

【定率取り崩し時】70歳から85歳

毎月の手取り収入＝年金18万円＋1・6万円＋4・3万〜8万円＝約24万〜27・6万円

【定額取り崩し時】85歳から100歳

毎月の手取り収入＝年金18万円＋1・6万円＋5万円＝24・6万円

70歳からの定率取り崩しでは、当初月8万円を取り崩すことができます。以後、徐々に取り崩せる金額は減っていきますが、手取りは月約24万～27・6万円と月24万円以上の手取り収入を確保できます。そして85歳以降、定額取り崩しに移行すると、100歳まで毎月24・6万円の手取りを確保できます。

100歳時点で取り崩し資産はなくなりますが、貯金300万円+高配当株500万円はもしもに備えるお金として残ります。死ぬまで医療費・介護費が掛からなければ、葬儀代・相続へ回せばいいでしょう。もちろん、高配当株500万円はいつでも売却するオプションがあります。

4 資産は「いつから」取り崩し始めるのがいいか?

資産はいつから取り崩し始めるのがいいのでしょうか。

ひとつの目安として、勤労収入があるうちは本格的に取り崩す時期ではありません。勤労収入があれば、その収入で生活ができますし、長期・積立・分散投資を行うことで資産を増やすことができるからです。生活費が足りない場合は、運用で得た利益を利用します。仮に年4％で運用できた場合には、取り崩す金額を4％以内にすれば元本が減ることはありません。本書の後半では70歳以降を取り崩し期としてシミュレーションしていますが、それぞれの状況に応じて取り崩しを始めるタイミングを決めましょう。

取り崩し期に入ってからの定率取り崩しの場合は、運用利率の2倍に設定するのがおすすめです。仮に運用利率が5％想定であれば、資産残高の10％を取り崩していくイメージです。

また、勤労収入があるうちは年金の繰り下げ受給も選びやすくなります。人生100年時代、日本人が今後も長生きになっていくことを考えると、60歳以降も、65歳、70歳と勤労収入を得られるうちは働いて、年金の繰り下げを行いつつ資産形成も継続していくのがよりよい選択といえるでしょう。本格的な資産の取り崩しは、仕事を引退してからです。

ただし、「DIE WITH ZERO」を忘れてお金をただ貯めるだけの人生では味気なくなります。人生において、やりたいことができる期間は限られています。60代でできることと70代でできることは違うはずですし、80代、90代となればなおのこと、できることに制約が出てきます。お金は使うために貯めてきたのですから、実現したいこと、経験したいこと、思い出に残したいことがあれば、使っても問題ありません。
だからといって、お金を早い段階で使い切ってしまうと、老後人生が困ることになるので、限度は考えましょう。

❖まずはタイムバケットでやりたいことを明確に

後悔のない人生を送るために、「タイムバケット」を利用して、いつ何をしたいかを考えてみることをおすすめします。タイムバケットは、自分の年齢や年代をバケツに見立てて、各年代で自分がしたいことをまとめたもの。いわば年齢別の「死ぬまでにやりたいことリスト」です。

図表3－5のように、現在をスタート、予想される人生最後の日をゴールとし、その間を5年や10年といった期間で区切ります。そして、それぞれの区切りでやりたいことや起こりうる大きなイベントを入れていきます。

タイムバケットを作ると、自由な時間があるからできること、健康だから楽しめること、お金があるからできることが、それぞれ違うことがわかるでしょう。どんな経験にも、い

（図表3-5）タイムバケットの例

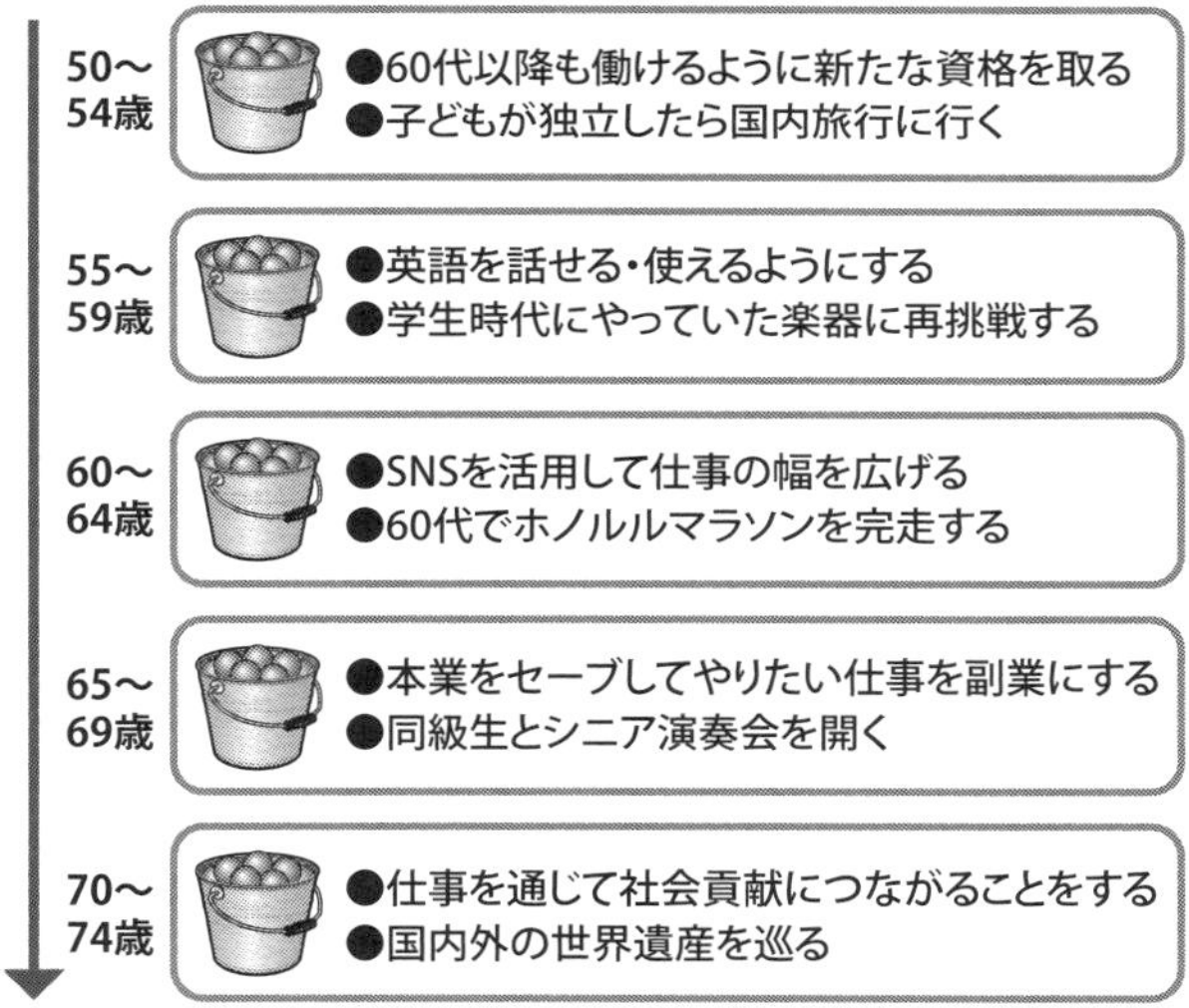

50〜54歳		●60代以降も働けるように新たな資格を取る ●子どもが独立したら国内旅行に行く
55〜59歳		●英語を話せる・使えるようにする ●学生時代にやっていた楽器に再挑戦する
60〜64歳		●SNSを活用して仕事の幅を広げる ●60代でホノルルマラソンを完走する
65〜69歳		●本業をセーブしてやりたい仕事を副業にする ●同級生とシニア演奏会を開く
70〜74歳		●仕事を通じて社会貢献につながることをする ●国内外の世界遺産を巡る

(株)Money&You作成

ずれ「一生できなくなってしまう」タイミングが訪れます。やりたいことがあるならば、そのタイミングが来る前にやっておきましょう。残りの人生で何がしたいのかを時系列で考え、今しかできないことに集中して取り組むことで、人生がより豊かになっていきます。

また、タイムバケットはやりたいことに必要なお金をいつまでに用意するかを考えるためにも有効です。貯蓄や投資の目標設定にも役立ちます。

5 資産は「何から」取り崩していくか？

70歳となり、本格的な資産の取り崩し時期に入ったら、リスクの高い資産から現金化して取り崩していきましょう。

具体的には、日本株・米国株・アクティブファンドといった、値動きの大きな資産から売却していきます。値動きの大きな資産は、大きく値上がりする可能性もありますが、同時に大きく下落してしまう可能性もあります。

年齢が上がると、市場が大きく下落した場合、回復するまで待つのが難しいケースもありますし、資産売却の判断力が衰えるリスクもあります。ですから、相場のいいタイミングで売却しておくのがよいでしょう。そして、そのお金をコア資産の預貯金・債券・投資信託・ＥＴＦなどに移していきます。

投資信託やＥＴＦにも当然、値動きがありますが、分散投資で値動きが抑えられていきます。運用しながら取り崩しやすい資産なのです。

最後に、定期預金や個人向け国債などの安全資産を取り崩していきます。万が一に備え

（図表3-6）60歳以降の資産取り崩し戦略

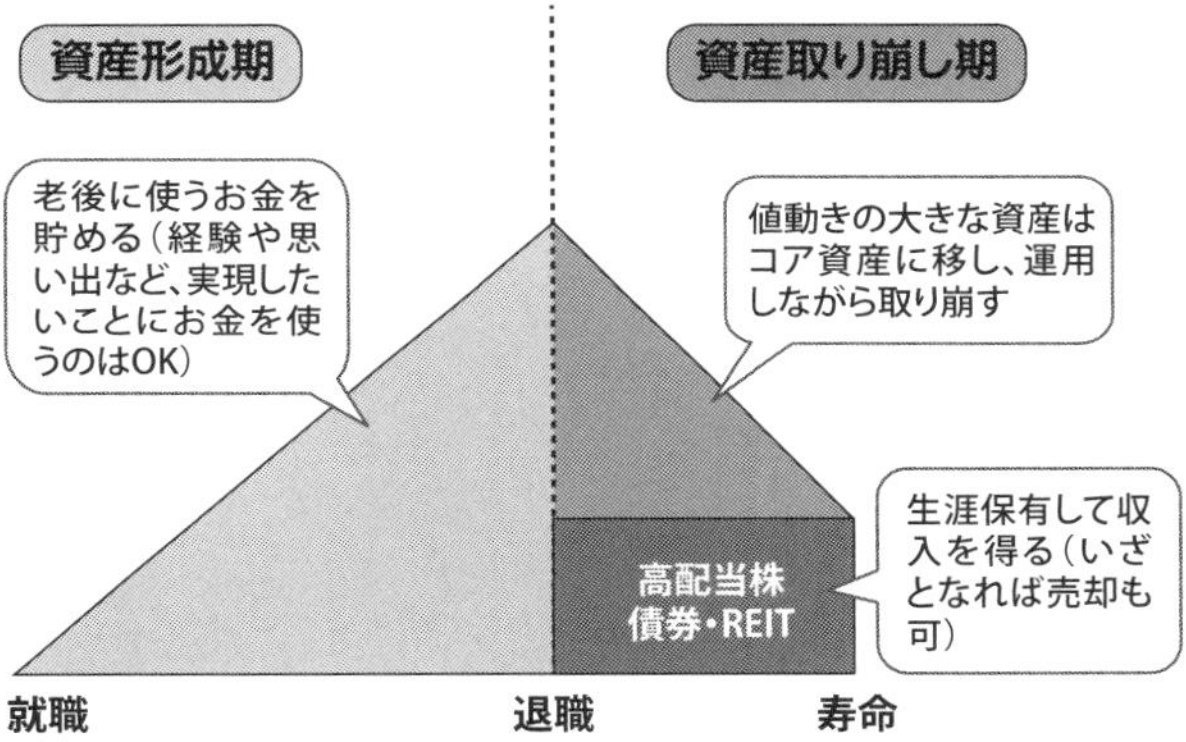
資産形成期
資産取り崩し期
老後に使うお金を貯める（経験や思い出など、実現したいことにお金を使うのはOK）
値動きの大きな資産はコア資産に移し、運用しながら取り崩す
生涯保有して収入を得る（いざとなれば売却も可）
高配当株
債券・REIT
就職
退職
寿命

（株）Money&You作成

る資産として、３００万～５００万円は寿命まで持ち続ける前提で保有しておきましょう。

また、本書では、キャッシュフローを得るために保有している資産は寿命まで持ち続けることを推奨しています。キャッシュフローを生む資産には、高配当株、債券、ＲＥＩＴなどがあります。

このうち、株はサテライト資産の対象になりますが、キャッシュフローを得るための高配当株であれば例外として保有してもＯＫ。キャピタルゲイン（資産を売ることで得られる利益）狙いの株は前述のとおり、先に取り崩しましょう。

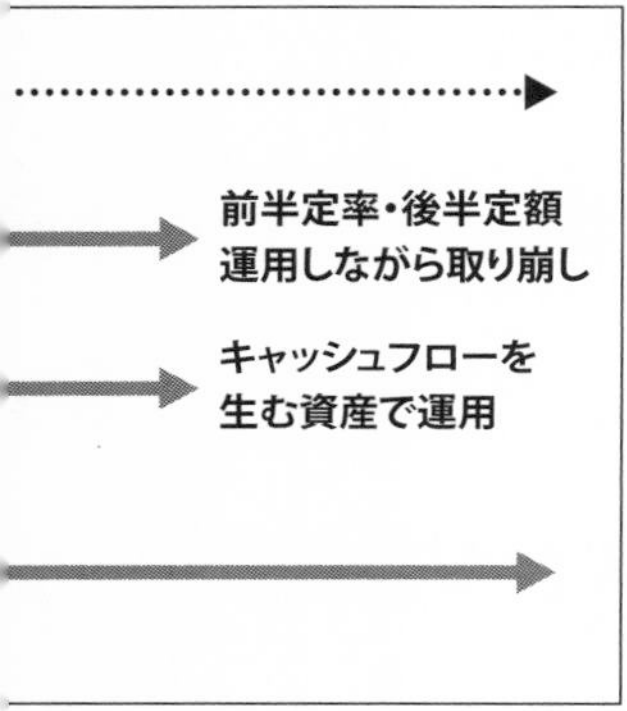

6 資産寿命を延ばす賢い取り崩し方

運用しながら取り崩すことで資産寿命を延ばすことができるのですが、ひとつ注意しておきたいことがあります。

それは、運用の結果が必ずしも一定とは限らないことです。

先に紹介した資本回収係数（89ページ）や、定率・定額の取り崩しのシミュレーション（95ページ）は、あくまで「毎年◯%で運用できて取り崩した場合」に受け取れる金額を示したものです。しかし、実際は「毎年◯%で運用できる」という保証はありません。運用成果を年単位で見れば、大きく値上がりする年もあれば、少ししか値上がりしない年もあるでしょう。値下がりする年もあるはずです。

さらに、値上がりする年・値下がりする年がいつやってくるかでも、資産残高の推移が大きく変わってきます。

（図表3-7）本書での資産作り&取り崩しのイメージ

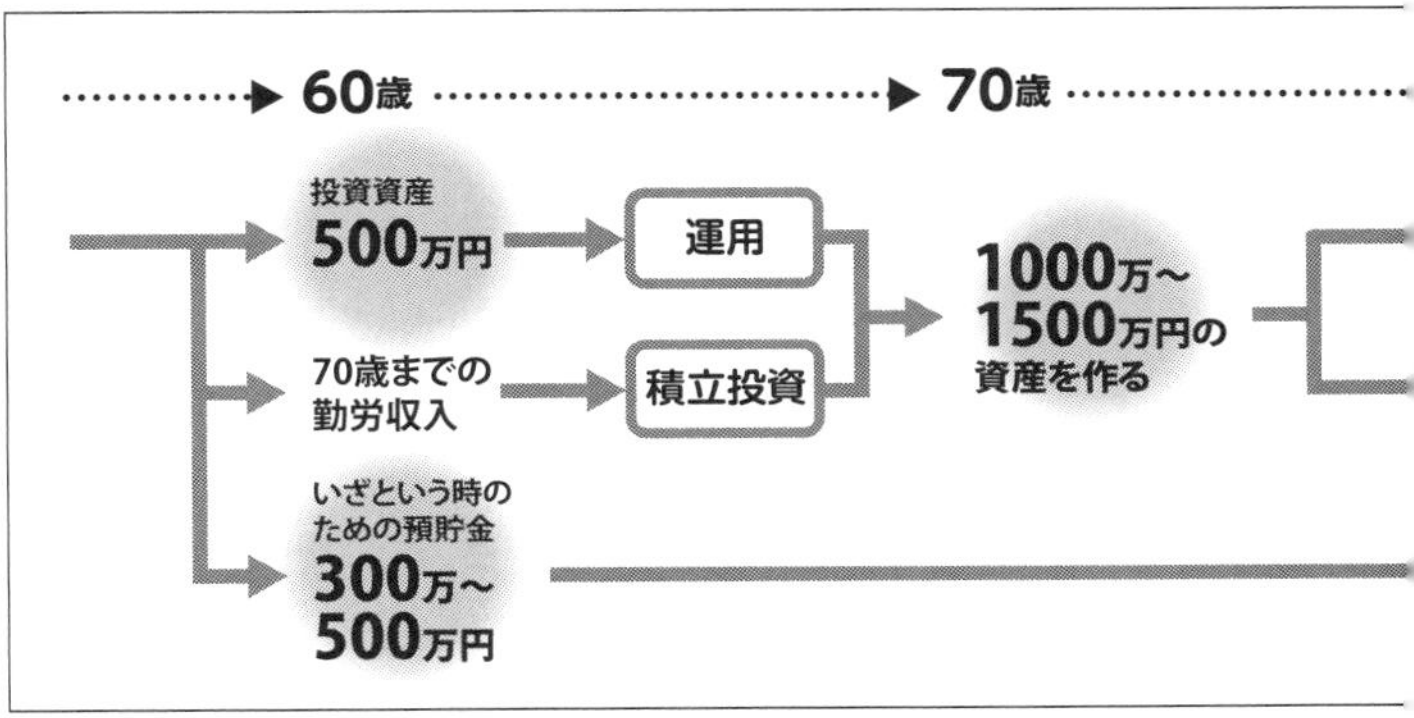

次ページの図表3－8のグラフはともに、1200万円の資産から年96万円を取り崩して（定額取り崩し）、残ったお金を運用した場合の資産残高の推移を示したものです。横軸の「1年目：10％」などとあるのが、毎年の運用成果（収益率）です。ただし、パターン①とパターン②では収益率の推移の順序を逆にしてあります。

パターン①もパターン②も、10年間の平均収益率は同じ4％なのですが、10年間で資産総額に304万円もの差が生じています。

このようになる理由は、前半の元本が大きい時期にあります。パターン①のように、元本が大きい時期に収益率が高い場合は、96万円を取り崩しても元本が元どおりどころか、それ以上に回復しています。

(図表3-8)定額取り崩しによる資産残高の変化

パターン①:前半の収益率が高い場合
平均収益率:4%　引き出し額:96万円×10年=960万円

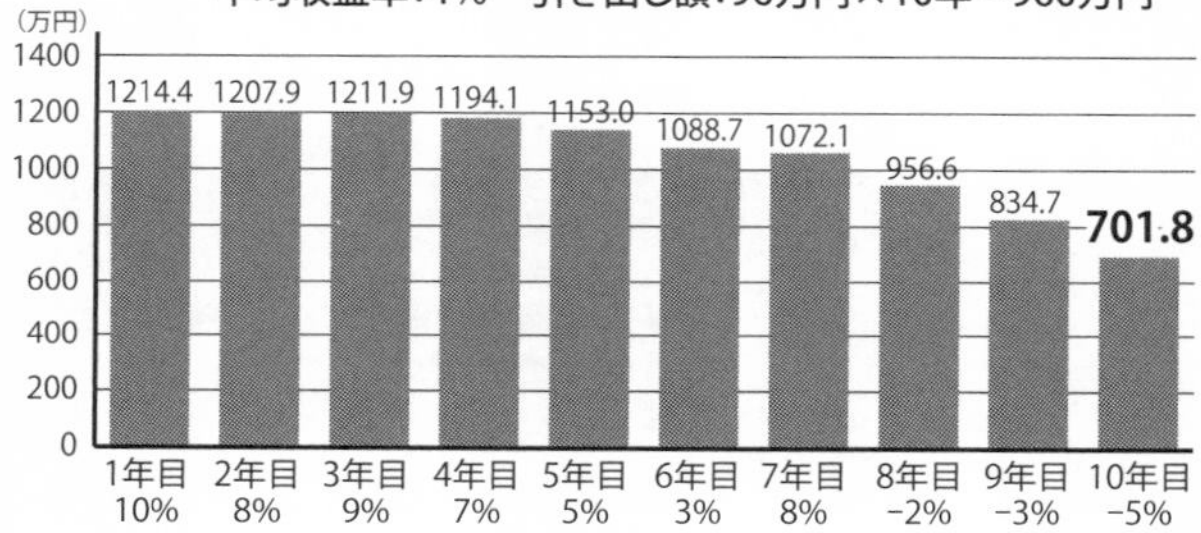

パターン②:後半の収益率が高い場合
平均収益率:4%　引き出し額:96万円×10年=960万円

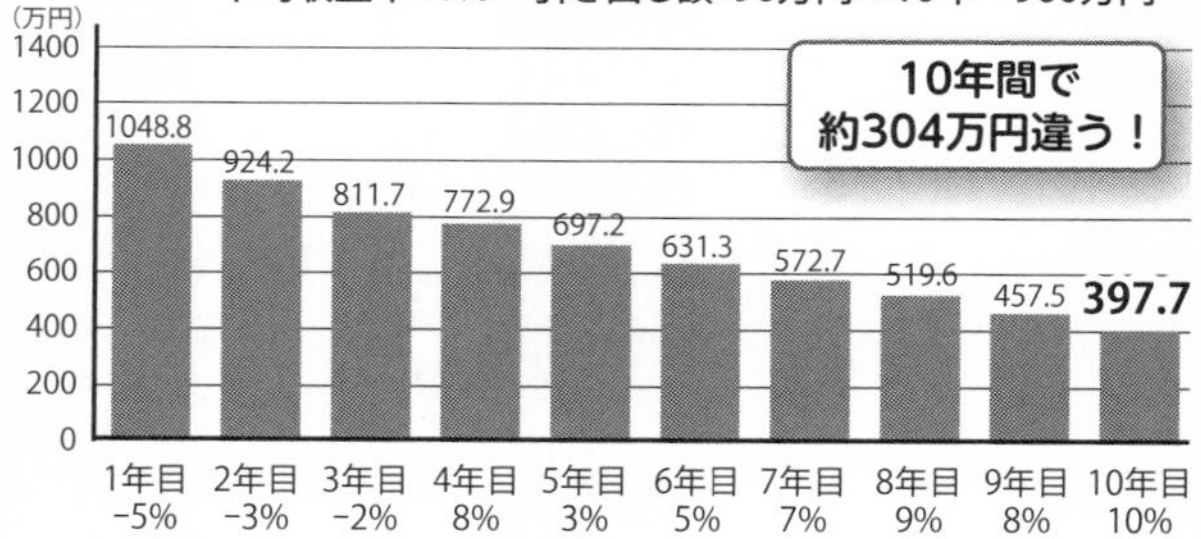

(株)Money&You作成

しかし、パターン②のように、元本が大きい時期に収益率が低かったり、マイナスだったりすると、元本が大きく減ってしまいます。

パターン②の場合、後半に収益率が高くなりますが、すでに元本が大きく減ってしまったあとに収益率が多少高くなったところで、それほど資産は回復しません。その結果、304万円の差につながっているのです。

つまり、毎年の収益率がどんな順番でやってくるかによって、資産残高が大きく変わってしまうというわけです。

定額取り崩しを始めた時に市場が好調であればいいのですが、将来の投資の運用成果がどうなるかは誰にもわかりません。もし大暴落などということになれば、老後後半のお金が少なくなって、回復のしようもないということになってしまうかもしれません。


では、定率取り崩しではどうでしょうか。同じく1200万円を運用しながら定率取り崩しすることを考えてみましょう。

1年目は定額取り崩しと同じく96万円を取り崩すことにするため、毎年資産残高の8％を取り崩すという定率取り崩しを行うことにします。収益率の推移の順序は先の例と同じように逆にしてあります。この場合、10年後の資産残高は図表3－9のようになります。

定率取り崩しをすると、パターン③のように前半の収益率が高くてもパターン④のように後半の収益率が高くても、一定期間（ここでは、10年後）の平均収益率が同じならば資産総額は同じになります。

したがって、定額取り崩しの時にあった「毎年の収益率の順番によって資産残高が大きく変わってしまうリスク」を回避できるというわけです。

ただし、資産の引き出し額は毎年の資産残高によって変わります。定額取り崩しの場合は収益率がどうであっても毎年96万円ずつ取り崩すので、10年間の引き出し額はパターン①でもパターン②でも960万円です。しかし、定率取り崩しでは資産の多い前半にお金が増えるパターン③では約945万円引き出せているのに対し、パターン④では約733万円しか引き出せていません。

前半を定率で取り崩す際、取り崩せる金額は毎年の収益率によって大きく変わってしまう可能性があります。しかし、定率取り崩しならば前半に比較的多くのお金を取り崩すことができますし、多少毎年の取り崩し金額が変わったとしても対応しやすいでしょう。

その後、後半を定額で取り崩すと、資産の減りは早くなりますが、高齢になるにしたがって活動範囲も狭まり、お金も使わなくなってきているので、それほど心配はいらなくなるでしょう。

何より、取り崩す資産とは別に300万円の預貯金と500万円のキャッシュフローを生む資産を確保しているのですから、心の平穏も保てます。

(図表3-9) 定率取り崩しによる資産残高の変化

パターン③：前半の収益率が高い場合
平均収益率：4%　引き出し額：945.3万円

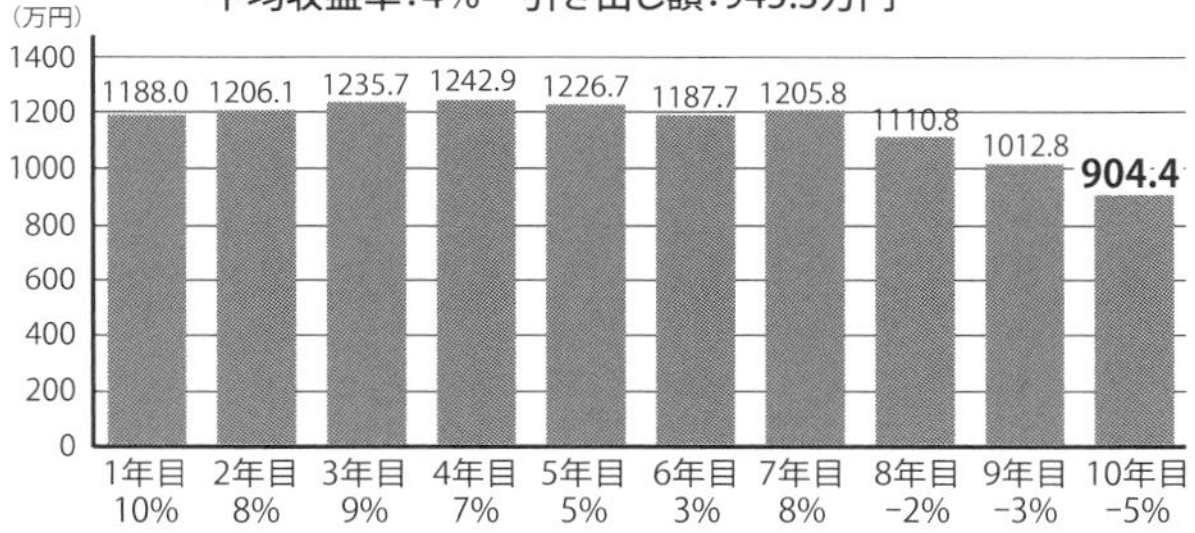

パターン④：後半の収益率が高い場合
平均収益率：4%　引き出し額：732.7万円

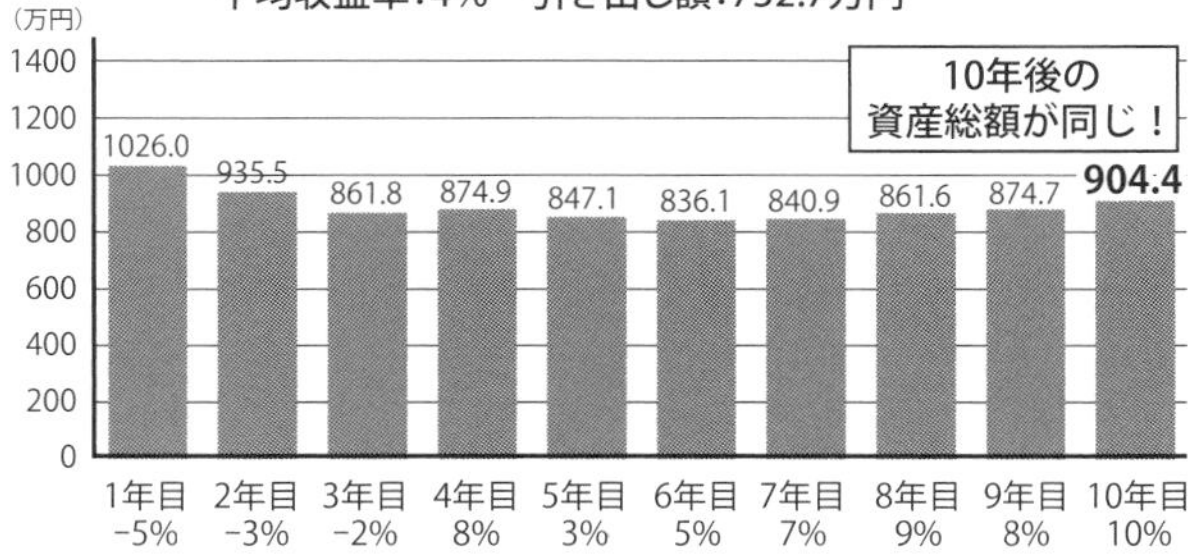

(株)Money&You作成

第4章

60歳からの投資で検討したい金融商品

1　60歳から投資する金融商品を見極める

本章では、「ほぼDIE WITH ZERO」を実現する出口戦略のために活用したい金融商品を紹介します。それに先立って、60歳からの投資の全体像を確認しておきましょう。

❖単利と複利の違いを理解する

運用益の計算方法には、利息や運用益を元本に組み入れないで計算する「単利」と、利息や運用益を元本に組み入れて計算する「複利」の2種類があります。

単利の場合、利息や運用益は常に元本に対してのみつきます。それに対して複利の利息や運用益は、元本に組み入れた利息や運用益に対してもつきます。

本章で紹介する金融商品を単利と複利に分けると、図表4－1のようになります。

複利運用できる「投資信託」「ＥＴＦ」「ＲＥＩＴ」「株」といった金融商品は、利息、配当金、分配金など運用益を再投資することで、複利効果を得ることができます。なお、

（図表4-1）単利と複利の商品

「単利」となる金融商品	「複利」を活かせる金融商品
・10年変動国債 ・Funds ・個人向け社債 ・米国債（利付債）	・定期預金 ・米国債（ストリップス債） ・投資信託 ・ETF ・REIT ・株

㈱Money&You作成

運用益には「評価益（未実現利益）」も含まれていて、この評価益は自動で再投資している状態となります。たとえば、100万円分投資した商品が200万円（評価益100万円）になっている場合を想定します。売却して新たに投資し直さなくても、その時点で評価益100万円を含めた200万円分で投資しているのと同じ状態だからです。

後で軽く触れますが、米国債のうち「ストリップス債」と呼ばれる債券は複利効果が得られます。定期預金も利息が口座に振り込まれ、以後はその利息に対しても利息がつくのですから、複利の金融商品です。

一方、単利の金融商品には、「10年変動国債」「Funds」「個人向け社債」「米国利付債」があります。

単利の金融商品は、得られた利息を元本に組み込むことはできません。そのため、「利息に新たな利息がつく」ということはないのですが、定期的に利息を受け取れ、生活に

（図表4-2）キャッシュフローを生む資産

資産名	利回り＊の目安	リスク
10 年変動国債	0.5%	低
国内債券ファンド・国内債券 ETF	0.5 ～ 2%	↑
個人向け社債・Funds	1 ～ 3%	
米国利付債	4 ～ 4.5%	
外国債券ファンド・外国債券 ETF	1.5 ～ 5%	
REIT・REIT ファンド・REIT ETF	4 ～ 6%	↓
高配当株・高配当株ファンド・高配当株 ETF	3 ～ 6%	高

＊金利・配当利回り・分配金利回り（税引き前）

㈱ Money&You 作成

充てることができます。

単利と複利、どちらが良いかですが、資産を効率よく増やすなら複利を活かせる商品がベターです。よって、仮に70歳まで資産形成するのであれば、投資信託や株に資産を集中させて運用したほうがいいのです。

そして、70歳以降、資産を取り崩すフェーズになったら、「キャッシュフローを生む資産」をポートフォリオ（資産の組み合わせ）に組み込んでいきます。

本書では、利息、配当金、分配金など定期的に受け取れる資産を「キャッシュフローを生む資産」と呼んでいます。「キャッシュフローを生む資産」の例を図表４－２にまとめました。資産によって、目安となる金利・配当利回り・分配金利回りとリスクが異なります。

キャッシュフローを生む資産は、持ち続けることで定期的に収入を得ることができるため、3章でお伝えしたとおり、生涯にわたってずっと売らずに保有を続けるのがひとつの手です。年金とは別に入ってくる不労所得のおかげで、収入減をカバーできますし、心理的な不安も減らせます。

❖新NISAでの運用が基本

60歳以降投資をするにあたっては、新NISAを最大限に生かしましょう。新NISAでは、1人あたり最大1800万円まで投資でき、その投資で得られた値上がり益・配当金・分配金にかかる税金をゼロにできるからです。

60歳までに用意できた500万円は、全額新NISAで投資します。また、退職金や遺産があればそのお金の一部も投資に回しましょう。これらに加えて、70歳までの10年間は勤労収入からお金を捻出して積立投資を行い、70歳までの10年間で、預貯金とは別に、合計で1000万~1500万円の資産を築くことを目標にします（104~105ページ

図表3－7参照）。

❖70歳までは、複利を活かせる商品でシンプルに投資

70歳までは運用益非課税の恩恵が受けられる新NISAを最大限利用して、複利効果が得られる投資先（投資信託・ETF・株）に投資します。

投資はなるべくシンプルを心がけて、わかりやすい商品で長期・積立・分散投資を行うようにします。

❖70歳以降は、資産の一部をキャッシュフローを生む資産に切り替える

70歳以降は、資産の一部をキャッシュフローを生む資産に切り替えていきます。こちらも、なるべく新NISAを活用したほうがいいことは言うまでもありません。配当金や分配金が非課税で受け取れるからです。

なお、先に紹介したキャッシュフロー資産のうち、新NISAで運用できるキャッシュフロー資産を抜き出すと、図表4－3のようになります。

(図表4-3)新 NISA で運用できるキャッシュフロー資産

資産名	利回り*の目安	リスク
国内債券ファンド・国内債券 ETF	0.5 ～ 2%	低
外国債券ファンド・外国債券 ETF	1.5 ～ 5%	↕
REIT・REIT ファンド・REIT ETF	4 ～ 6%	↕
高配当株・高配当株ファンド・高配当株 ETF	3 ～ 6%	高

＊金利・配当利回り・分配金利回り（税引き前）

㈱ Money&You 作成

❖新NISAを使い切ったら「単利の商品」も活用

新NISAの生涯投資枠1800万円を使い切ってしまい、なお投資したいという場合は、新NISAでは投資できなかったキャッシュフロー資産に投資するのもよいでしょう。

安全性を高くするなら「10年変動国債」が筆頭です。個人向け国債よりも安全性を下げて、利回りを高くするなら「Funds」や「個人向け社債」といった選択肢もあります。

為替リスク（為替レートが変動することで利益や損失が生まれる可能性）はありますが、「米国利付債」という選択肢もあります。

それでは、これら金融商品を順に見ていきましょう。

【70歳までお金を増やす場合におすすめの金融資産】

★投資信託（ファンド）

投資信託（ファンド）は、投資家から集めたお金をプロが代わりに運用してくれる商品です。それぞれの投資信託が何に投資しているかは、投資信託ごとに異なります。そして、何に投資するかによってリスクとリターンが異なります。

投資信託の商品には、運用方法の違いによってインデックス型とアクティブ型の2種類があります。

インデックス型は、目標とする指数（インデックス）と同じような値動きをするように作られる商品です。たとえば、日経平均株価をベンチマークにしている商品は、日経平均株価と同様の値動きをします。

対するアクティブ型は、ベンチマークを上回ることや、ベンチマークを設けずに絶対リターン（例：年10％超）をあげることを目指す投資信託です。

大きな利益を求めたい人にとっては、アクティブ型が魅力的と思うかもしれません。し

（図表4-4）投資信託のイメージ

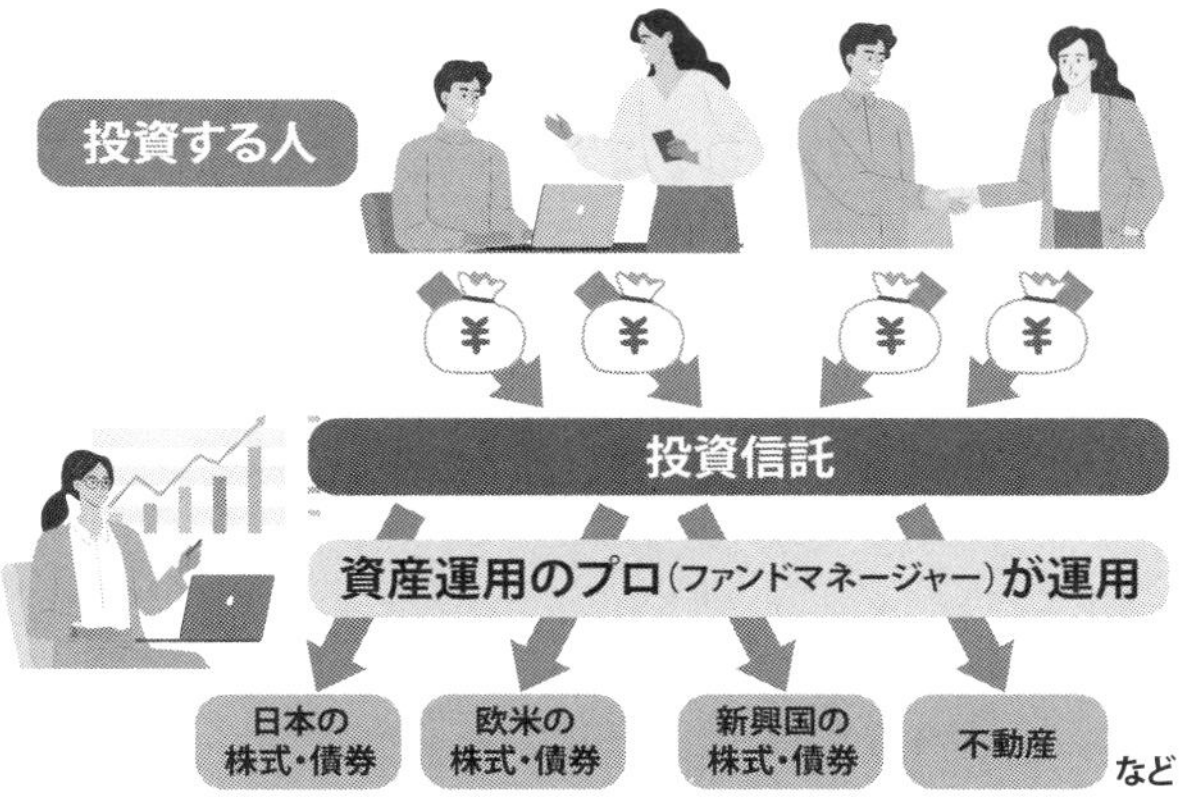

(株)Money&You作成

（図表4-5）インデックス型とアクティブ型

	インデックス型	アクティブ型
運用手法	指数と連動した値動きを目指す	指数を上回る運用成果を目指す
値動きのイメージ	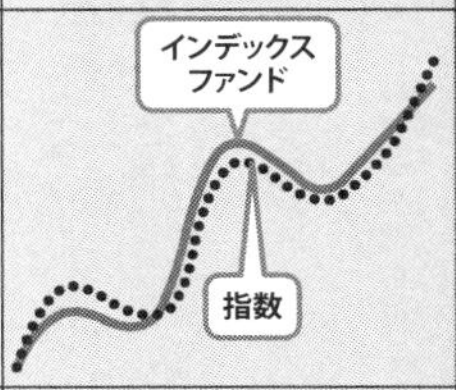	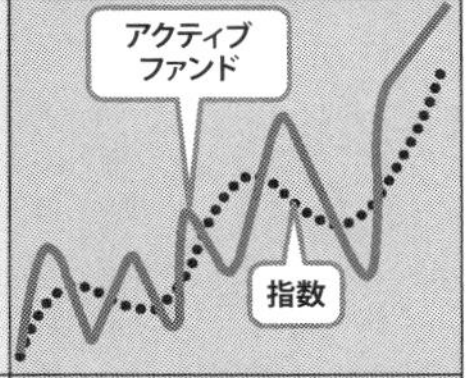
コスト（信託報酬）	低い	高い

(株)Money&You作成

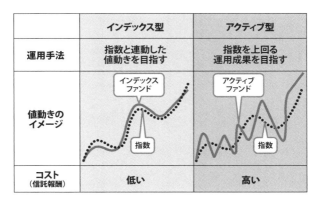

（図表4-6）市場平均の株価指数に勝てなかったアクティブ型の割合

運用期間	1年	3年	5年	10年
日本の大型株ファンド	82.3	77.7	86.3	85.3
日本の中小型株ファンド	67.2	77.8	53.2	54.4
米国株式ファンド	66.7	81.5	90.2	93.2
新興国株式ファンド	82.3	83.3	89.0	100.0

「SPIVA®日本スコアカード（2023年通期）」より

㈱Money&You作成

かし、実際の投資成績はインデックス型のほうがよいケースが多くあります。インデックス型の投資先はほぼ機械的に決まるのに対し、アクティブ型は投資先の調査・分析の手間がかかります。アクティブ型の場合、コストである信託報酬（投資信託を保有している間毎日差し引かれる手数料）が高いので、利益を伸ばしにくい現実があります。

実際、運用期間10年で市場平均の株価指数に勝てなかったアクティブ型の割合は、日本の中小型株ファンドで約半分、日本の大型株、米国株、新興国株ファンドの大多数にのぼります。

日本の中小型株ファンドは半分近く勝てているから、それを選べばいいのではないかという指摘もありますが、あくまでも過去の運用成績の話で将来も勝てる保証はありません。また、将来も市場平均を上回るファンドを選ぶ選択眼が必要です。そのうえ、アクティブ型は保有コストが高いことを忘れてはいけません。

以上から、コストの安いインデックス型を選んでおくのが無難な選択です。

そんな投資信託は、2章でも解説したとおり、どんな資産を組み入れるかでリスクとリターンが異なります（64ページ参照）。

リスクとリターンはトレードオフ（比例）の関係です。リスク・リターンは債券→不動産（REIT）→株式の順に高くなります。地域は、国内→先進国→新興国の順です。

複数の資産に投資するバランス型に多いのが、国内株式・外国株式・国内債券・外国債券の4資産に分散投資する「4資産均等型」と、国内株式・先進国株式・新興国株式・国内債券・先進国債券・新興国債券・国内REIT・海外REITの8資産に分散投資する「8資産均等型」です。

4資産均等型と8資産均等型では、4資産均等型のほうがリスクの低い債券を組み入れている比率が高いので、リスクを抑えた運用ができます。8資産均等型は、債券の比率が

信託報酬（年率）	リターン（5年・年率）	どんな商品？
0.154%	9.09%	国内外の債券と株式に25%ずつ均等に投資するバランスファンド
0.05775%	17.12%	日本含む先進国・新興国の株式に投資。世界株式市場の85%をカバー
0.09372%	20.90%	低コストで米国に投資。米国株式市場の時価総額の約80%をカバー
0.198%	—※	米ナスダック市場に上場する金融業を除く時価総額上位100社に投資

※楽天・NASDAQ-100インデックス・ファンドは2024年1月30日に運用が開始された商品のため、記載なし

2024年4月8日時点
㈱Money&You作成

低く、新興国の資産も含まれているのでリスクが高めです。

4資産均等型と同様の運用をしているのが先に紹介したGPIF（年金積立金管理運用独立行政法人）です。そのGPIFの収益率は2023年第3四半期時点（年率）で3・99％ですので、およそ4％の収益が見込めます（76〜77ページ参照）。このGPIFと同様の運用が1本ででき、もっとも信託報酬の安い商品に**「ニッセイ・インデックスバランスファンド（4資産均等型）」**［信託報酬：年0・154％］があります。

積極的にリスクが取れるならば全世界株インデックスファンドを選びましょう。世界中の株式に分散投資しており、世界経済の成長に合わせてお金を増やす期待ができます。「オルカン」の愛称で人気の全世界株イ

（図表4-7）主な投資信託

ファンド名	基準価額	純資産総額
ニッセイ・インデックスバランスファンド（4資産均等型）	17,777円	513億円
eMAXIS Slim 全世界株式（オール・カントリー）	23,968円	2兆3968億円
eMAXIS Slim 米国株式（S&P500）	28,366円	4兆1579億円
楽天・NASDAQ-100インデックス・ファンド	10,939円	229億円

ンデックスファンド**「eMAXIS《イーマクシス》 Slim《スリム》 全世界株式（オール・カントリー）」**［信託報酬：年０・０５７７５％］がその代表格です。オルカンの信託報酬は全世界株インデックスファンドの中でも最安水準で、これまでも最安になるようにたびたびコストを引き下げています。

　そのほか、より積極的にリスクを取るならば、米国の代表的な株価指数「Ｓ＆Ｐ５００」や、Ｓ＆Ｐ５００を凌駕するパフォーマンスで話題の「ＮＡＳＤＡＱ《ナスダック》１００」などに投資するインデックスファンドも候補になります。

　コストが最安水準で人気のあるファンドは**「eMAXIS Slim 米国株式（Ｓ＆Ｐ５００）」**［信託報酬：年０・０９３７２％］や**「楽天・ＮＡＳＤＡＱ－１００インデックス・ファンド」**［信託報酬：年０・１９８％］などがあります。

★ETF（上場投資信託）

ＥＴＦは「上場投資信託」という投資信託の一種です。

投資信託との一番の違いは「証券会社で株のように取引できるかどうか」。投資信託は証券取引所に上場していませんが、ＥＴＦは証券取引所に上場しています。そのため、株と同様に証券会社で購入しますし、市場の開いている時間にリアルタイムで売買をすることができます。ＥＴＦ保有中にかかるコスト（経費率）は、投資信託より安いのが一般的です。

世界株ＥＴＦや米国株ＥＴＦを購入すれば、経済成長に合わせて資産を増やす期待ができます。日本株にもＥＴＦがありますが、投資信託のほうが低コストになっている商品が多くありますので、わざわざＥＴＦを選ぶメリットはありません。

世界株ＥＴＦや米国株ＥＴＦで個人投資家に人気のあるのは、

・全世界株ＥＴＦ **「バンガード・トータル・ワールド・ストックＥＴＦ（ＶＴ）」**［経費

（図表4-8）投資信託とETFの違い

運用期間	投資信託（インデックスファンド）	ETF
販売会社	取り扱い証券会社、銀行など	証券会社
取引価格	1日1回算出される基準価額	市場価格
取引可能時間	販売会社が決める時間	取引所立会時間（リアルタイム）
発注方法	成行／指値はできない	成行／指値
購入時手数料	かからないもの（ノーロードファンド）が多い	かかる
信託報酬	ETFより一般的に高い	インデックスファンドより一般的に安い
最低購入金額	100円から	取引価格×1取引単位 通常は1万～10万円程度
分配金の自動再投資	あり	なし※

※マネックス証券「米国株定期買付サービス」が米国株ETFの分配金の自動再投資に対応

㈱Money&You作成

率：年0・07%」

・全米株ETF「**バンガード・トータル・ストック・マーケットETF（VTI）**」「経費率：年0・03%」

・S&P500連動ETF「**バンガード・S&P500 ETF（VOO）**」「経費率：年0・03%」

・NASDAQ100連動ETF「**インベスコ・QQQトラストシリーズ1（QQQ）**」「経費率：年0・2%」

（図表4-9）主な米国株 ETF

ファンド名	取引所価格	純資産総額	経費率（年率）	リターン（10年・年率）	直近分配金利回り（税込）
バンガード・トータル・ワールド・ストック ETF（VT）	109.88ドル	357億ドル	0.07%	8.77%	1.53%
バンガード・トータル・ストック・マーケット ETF（VTI）	257.48ドル	3862億ドル	0.03%	12.27%	1.41%
バンガード・S&P500 ETF（VOO）	476.73ドル	4342億ドル	0.03%	12.91%	1.29%
インベスコ・QQQ・トラストシリーズ 1（QQQ）	440.07ドル	2579億ドル	0.20%	18.69%	0.52%

※リターン・分配金利回りはドルベース　　2024 年 4 月 8 日時点

㈱ Money&You 作成

などです。

なお、原則ETFの分配金は自動で再投資できません（マネックス証券「米国株定期買付サービス」が米国株ETFの分配金の自動再投資に対応）。手間なく効率よくお金を増やしたいなら、インデックスファンドを活用したほうがベターです。

★日本株・米国株

株は証券会社を通じて購入します。日本に上場している企業は約4000あります。株で得られる利益には、大きく3つあります。

①値上がり益

株の値段（株価）は、日々変動しています。株が安い時に買って、高くなってから売れば、その差額が値上がり益になります。

株価の値動きの要因は細かく見ればいろいろありますが、一般的にはその株を買いたい人が売りたい人より多ければ上がり、売りたい人が買いたい人より多ければ下がります。

たとえば、業績がよく、これからさらに儲けそうな企業の株なら買いたい人が増えるので、株価も上がります。

反対に、業績が悪くて利益が出ない企業の株は売りたい人が増えるため、株価も下がるというわけです。

（図表4-10）株式投資のイメージ

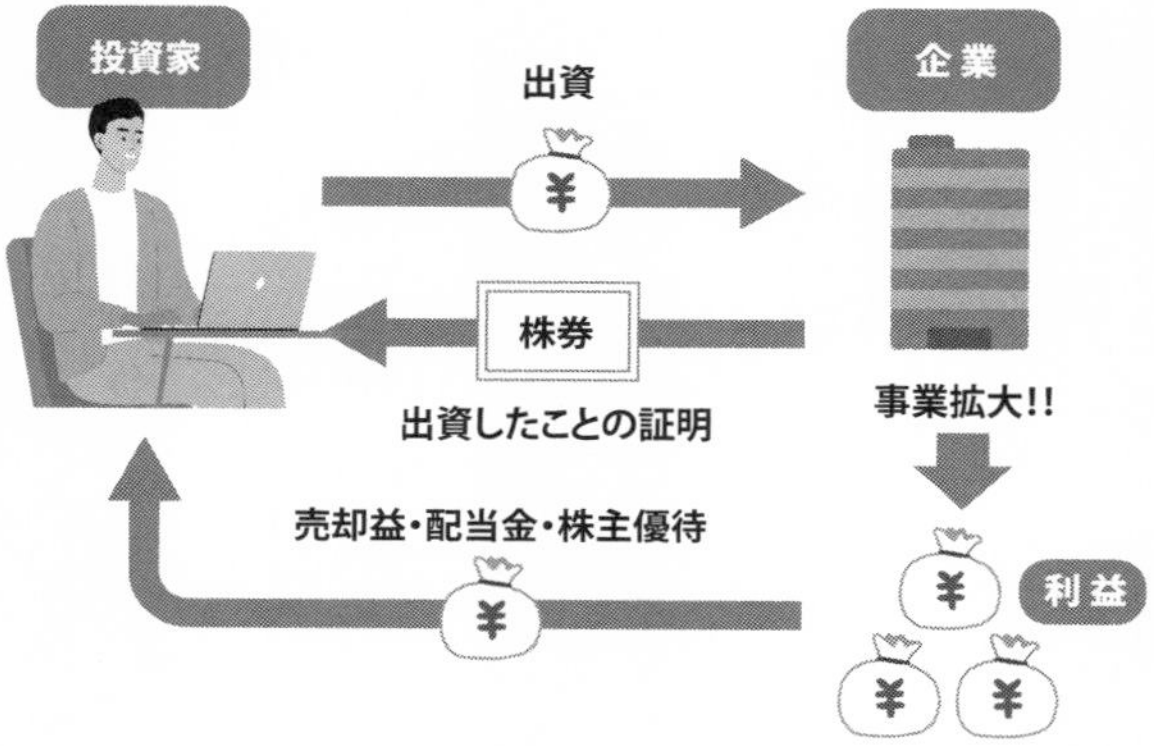

(株)Money&You作成

②配当金

配当金は、企業の事業がうまくいった時に株主に支払われる利益の一部です。「1株あたりいくら」という具合に、持っている株に応じてもらえます。日本株の場合年1～2回、米国株の場合年4回もらえるのが一般的です（配当金を出さない企業もあります）。

③株主優待

株主優待は、株主に対して送られるプレゼントのようなものです。自社製品の詰め合わせ、商品券や無料券など、企業によりさまざま。中には株主優待目当てで投資をしている人もいるほどです（株主優待を行っていない企業もあります）。先日、優待投資家で有名な桐谷広人さんと対談する機会があったのですが、彼は１２００社に投資をしているとのことでした。

株というと、日々の値動きに合わせて素早く売買を繰り返すデイトレーダーを連想される人もいるかもしれませんが、そうした短期投資はどうしてもリスクが高く、大きく損を抱える可能性もあります。株は、長期的な視点で選びましょう。具体的には、次の４点をチェックします。

(1) 10年後、20年後も必要であり続けるか

企業が提供する商品・サービスが10年後、20年後も必要であり続けるかを考えましょう。たとえば、人口問題や食料問題、資源問題などの解決を手がける商品・サービスは今後も堅実。「健康」「ヘルスケア」「美容」「医療」といったテーマのニーズも普遍的でしょう。

生活を豊かで楽しいものにする、役に立つ商品やサービスは、いつの時代も変わらずに売れ続けます。消費者目線で企業の商品・サービスをチェックしましょう。

(2)企業ならではの強みがあり、成長・進化し続けるDNAがあるか

他社がマネできない強みがひとつでもある企業は、それがエンジンとなって成長する余地があります。ある分野の商品・サービスのシェアが高い、特許を持っているといった参入障壁を高めている企業は堅実な成長を期待できます。

人材育成、研究開発、設備投資、M&Aなどを行い、未来に投資している企業は、今後も成長が期待できます。

(3)売上高と営業利益の両方が右肩上がりで成長しているか

企業が商品やサービスを売ることで稼いだ金額の合計を示す「売上高」と、売上高から売上原価と販管費（販売費及び一般管理費）を差し引いた、本業で稼いだ金額を表す「営業利益」の両方が右肩上がりになっているかをチェックしましょう。過去3～5年の実績と今後1～2年間の予測が右肩上がりで伸び続けている企業が有望です。『会社四季報』には2年後の予測も記載されていて便利です。

EPS（1株あたり利益）が年々増加しているかもチェックすると、なおよしです。

ＥＰＳは、最終的な利益である当期純利益を発行済株式総数で割ったもの。ＥＰＳが大きく、年々増えている企業は堅実に成長していることを表します。

(4)借金が多すぎないか

企業が成長するには借金が欠かせません。しかし、借金が多すぎると経営が厳しくなってしまいます。そこで、企業にあるお金のうち、返さなくていい部分（自己資本）の割合を示す「自己資本比率」をチェックしましょう。50％以上だと安全性が高いと判断されます。

新ＮＩＳＡの成長投資枠では、国内株を1株単位（単元未満株）で購入できます（米国株はもともと1株から購入可能）。銘柄によっては、数百〜数千円で投資できますし、100株買うと数百万円もするような「値がさ株」にも数万円で投資できます。

リスクを減らす観点で考えれば、銘柄を複数の業種に分散させることも大切です。もっとも、分散投資を意識して何百銘柄にも投資する必要性は低いです。25〜30銘柄を超えると分散投資効果はそれ以上高まりにくいというデータがありますし、何より管理が大変です。10銘柄から20銘柄程度に絞って投資するのがよいでしょう。

より大きなリターンを求めるなら、米国株も魅力です。ＧＡＦＡＭ《ガーファム》と呼ばれるグーグル・アップル・フェイスブック（現メタ）・アマゾン・マイクロソフトの5社は長い間世界を牽引しているトップ企業ですが、いずれも研究開発、設備投資、人材投資など次世代への投資に莫大な費用を注ぎ込んでいます。最近では、ＧＡＦＡＭに加え、電気自動車大手テスラ、半導体大手エヌビディアを加えた7社が「マグニフィセント・セブン」と言われ注目されています。

特にエヌビディアは日経平均株価を4万円台に押し上げた立役者と言われています。同社はＡＩの需要拡大を背景に売上を大きく伸ばし、２０２４年1月には半導体業界世界首位に躍り出ています。本稿執筆時点で、株の時価総額もマイクロソフト、アップルについで世界3位です。

【70歳以降におすすめのキャッシュフロー資産】

★高配当株

高配当株とは、株価に占める配当金の割合（配当利回り）が高い銘柄のことです。配当利回りは「年間配当金÷株価×１００」で算出します。一般的に、配当利回りが３％を超えると高配当といわれます。

日本株と米国株の高配当株上位10銘柄は、次ページの図表４－11のとおりです。日本株のトップは７・６％、米国株のトップは約９％となっています。日本の高配当株には証券、情報・通信、米国の高配当株には日用品などの一般消費財やＩＴ・通信、医薬品などの銘柄が並びます。配当利回りの高い銘柄を保有していれば、投資金額のわりにたくさんの配当金がもらえます。

また、配当金の金額を増やしてくれる銘柄を増配株といいます。特に、長年にわたって毎年配当金の金額を増やしている銘柄を連続増配株といいます。連続増配株も、上位10銘柄を見てみましょう（図表４－12）。

（図表4-11）高配当株上位 10 銘柄

順位	日本株		
	銘柄（証券コード）	業種	配当利回り
1	極東証券（8706）	証券	7.62%
2	アイティメディア（2148）	情報・通信	6.30%
3	レイズネクスト（6379）	建設	6.30%
4	KSK（9687）	情報・通信	6.24%
5	PHC ホールディングス（6523）	電気機器	6.17%
6	NEW ART HOLDINGS（7638）	小売	5.90%
7	丸三証券（8613）	証券	5.81%
8	エキサイトホールディングス（5571）	情報・通信	5.80%
9	アバールデータ（6918）	電気機器	5.80%
10	アールビバン（7523）	小売業	5.62%

順位	米国株		
	銘柄（ティッカー）	業種	配当利回り
1	アルトリア・グループ（MO）	一般消費財	8.99%
2	スリーエム（MMM）	医療関連	6.81%
3	ベライゾン・コミュニケーション（VZ）	I T・通信	6.34%
4	エーティー・アンド・ティー（T）	I T・通信	6.31%
5	ファイザー（PFE）	医薬品	6.05%
6	フィリップ・モリス・インターナショナル（PM）	一般消費財	5.68%
7	ダウ（DOW）	原材料・素材	4.83%
8	ブリストル・マイヤーズ（BMY）	医薬品	4.43%
9	ユナイテッド・パーセル・サービス クラス B（UPS）	運輸	4.39%
10	ユー・エス・バンコープ（USB）	金融	4.38%

※日本株は 2024 年 4 月 8 日時点、米国株は 2024 年 3 月末時点（マネックス証券 Web サイト）の情報に基づく

㈱ Money&You 作成

（図表4-12）連続増配株上位 10 銘柄

順位	日本株		
	銘柄（証券コード）	業種	連続増配年数
1	花王（4452）	一般消費財	34 年
2	SPK（7466）	自動車部品製造	25 年
3	三菱 HC キャピタル（8593）	金融	24 年
3	小林製薬（4967）	一般消費財	24 年
5	ユー・エス・エス（4732）	中古車販売	23 年
5	リコーリース（8566）	金融	23 年
7	トランコム（9058）	倉庫・運輸関連	22 年
7	ユニ・チャーム（8113）	一般消費財	22 年
9	沖縄セルラー電話（9436）	情報・通信	21 年
9	リンナイ（5947）	金属製品	21 年
9	KDDI（9433）	情報・通信	21 年
9	サンドラッグ（9989）	小売	21 年

順位	米国株		
	銘柄（ティッカー）	業種	連続増配年数
1	アメリカン・ステイツ・ウォーター（AWR）	公益事業	69 年
2	ドーバー（DOV）	工業	68 年
2	ジェニュイン・パーツ（GPC）	一般消費財	68 年
2	ノースウェスト・ナチュラル・ガス（NWN）	公益事業	68 年
2	プロクター・アンド・ギャンブル（PG）	一般消費財	68 年
2	パーカー・ハネフィン（PH）	工業	68 年
7	エマソン・エレクトリック（EMR）	工業	67 年
8	スリーエム（MMM）	医療関連	66 年
9	シンシナティ・ファイナンシャル（CINF）	金融	64 年
10	ジョンソン・エンド・ジョンソン（JNJ）	医療関連	62 年
10	コカ・コーラ（KO）	一般消費財	62 年

※ 2024 年 4 月 8 日時点の情報に基づく

㈱ Money&You 作成

日本の連続増配株として有名なのは花王で34年と独走しています。以下、20年以上連続増配している銘柄がならびます。20年以上の連続増配でもすごいのですが、米国株には60年以上も連続増配を続けている銘柄が複数あります。図表内トップのアメリカン・ステイツ・ウォーターは69年連続で増配をしています。

業種で見ると、日本株は一般消費財、金融、情報・通信が多く、米国株は一般消費財、工業、公益事業が多くなっています。

市場は時々暴落しますが、これらの企業はリーマンショックやコロナショックなどでの暴落を乗り越えて連続増配している優良企業です。増配によって配当が増えるだけでなく、株価もさらなる上昇が見込めます。総じて高配当株よりも連続増配株のほうが株価上昇も含めたトータルリターンは高い傾向にあります。市場全体の暴落にも強いのが特徴です。

なお、米国高配当株の配当利回りの高さや増配年数は魅力的ですが、為替リスクがあることには注意が必要です。

ところで、配当利回りが高いからといってすぐに飛びつくのはやめましょう。配当利回りの計算式には「年間配当金÷株価×１００」と、「株価」が入っています。つまり、配当利回りが高い銘柄の中には、株価が下がって配当利回りが高くなっているような不人気銘柄が入っている可能性もあるのです。

株価が下がる理由はさまざまですが、個別要因で大きいのは業績悪化です。こうした企業の場合、いずれ配当を減らす「減配」や配当を無くす「無配」を行う可能性があります。そうして配当が減ると、株価もさらに下がってしまいます。ですから、高配当株・連続増配株を探す時には、企業が好業績かどうか、財務は健全かどうかを確認する必要があります。

株を選ぶポイントはすでに述べたとおりですが、高配当株・増配株を選ぶ時は、さらに以下のポイントを追加でチェックしましょう。

①1株あたり配当が年々増加、または現状維持か

1株あたり配当が年々増加しているか、または現状維持かをチェックしましょう。高い配当を出し続けられるか、増配の可能性があるのかが判断できます。

②利益剰余金が多いか

利益剰余金が多ければ、一時的に業績が悪化した場合でも、配当金を減額・停止せず出せる土壌があることを表します。

③不況に強い業種か

不況に強い業種には、食品、医薬品、電力・ガス、鉄道、通信などが該当します。そうした業種の好業績銘柄に投資しておけば、配当金も安定して得られる期待ができます。

★高配当株ファンド・高配当株ETF

株のリスクを下げるうえでは、1銘柄、2銘柄に集中投資するのではなく、10〜20銘柄に分散投資することが大切です。そこで活用したいのが、複数の高配当株にまとめて投資している高配当株ファンドや高配当株ETFです。1本のファンドで複数の高配当株に投資したのと同様の効果が得られます。

日本株の高配当株ファンドとしては、2023年12月に登場した**「SBI日本高配当株式（分配）ファンド（年4回決算型）」**［信託報酬：0・099％］があります。配当利

（図表4-13）高配当株ファンド・高配当株 ETF

ファンド名	基準価額	純資産総額	信託報酬（年率）	リターン	組入銘柄の予想配当利回り
SBI 日本高配当株式（分配）ファンド（年 4 回決算型）	11,845円	655億円	0.099%	―	4.03%
Tracers 日経平均高配当株 50 インデックス（奇数月分配型）	10,915円	45億円	0.10725%	―	3.30%
SBI・V・米国高配当株式インデックス・ファンド（年 4 回決算型）	10,880円	79億円	0.1238%	―	2.22%

※上記 3 本は 23 年 12 月～ 24 年 1 月に設定されたためリターン記載なし。分配金利回りではなく組入銘柄の予想配当利回りを記載

ETF 名	取引所価格	純資産総額	経費率（年率）	リターン（10年・年率）	直近分配金利回り（税込）
バンガード・米国高配当株式 ETF（VYM）	119.56ドル	534億ドル	0.06%	10.12%	2.22%
バンガード・米国増配株式 ETF（VIG）	179.74ドル	768億ドル	0.06%	11.48%	1.73%

※リターン・分配金利回りはドルベース　2024 年 4 月 8 日時点

㈱ Money&You 作成

回り水準が市場平均より高い銘柄を中心に投資する投資信託です。組み入れている約30銘柄の予想配当利回りは４％程度と高くなっていることに加え、アクティブファンドではありながら信託報酬が０・１％を切る水準であることからとても人気になっています。配当利回りの高さだけでなく、企業の収益性、安定性等を勘案して投資するので、好業績&高配当で値上がりも期待できます。

また、**「Tracers《トレイサーズ》日経平均高配当株50インデックス（奇数月分配型）」**［信託報酬：年0・10725％］も低コストで高配当銘柄に投資が可能。日経平均高配当株50指数に連動する投資信託であり、この指数は日経平均株価の構成銘柄の中の予想配当利回り上位50社から構成されています。

高配当株ETFには**「NEXT FUNDS日経平均高配当株50指数連動型上場投信（1489）」**［経費率：年0・308％］などがありますが、「SBI」や「Tracers」といった高配当株ファンドのほうが低コストなので、これらを選ぶのがベターでしょう。

また、低コストで人気のある米国高配当株ファンド、米国増配株ファンド、米国高配当株ETF、米国増配株ETFには、

・**「SBI・V・米国高配当株式インデックス・ファンド（年4回決算型）」**［信託報酬：年0・1238％］
・**「SBI・V・米国増配株式インデックス・ファンド（年4回決算型）」**［信託報酬：年0・1238％］

・「バンガード・米国高配当株式ETF（VYM）」［経費率：年0・06％］
・「バンガード・米国増配株式ETF（VIG）」［経費率：年0・06％］

などがあります。いずれも為替リスクがあることに注意が必要です。

★債券ファンド・債券ETF

債券ファンド・債券ETFは文字どおり、債券に投資する投資信託・ETFのことです。

債券とは、国や自治体、企業などがお金を借りるために発行する借用証書のようなものです。債券を購入すると、定期的に利息が受け取れるうえ、満期日になると貸したお金が戻ってきます。

債券ファンドや債券ETFは投資信託・ETFですので、1本で複数の債券にまとめて投資したのと同じような効果が得られます。また、個別の債券の場合は満期日が定められていますが、債券ファンドや債券ETFには満期日がないものがほとんどなので、運用が続く限りずっと保有し続けることができます。ただし、運用に際して信託報酬（経費率）がかかる点は事前にチェックしておきましょう。

（図表4-14）債券のイメージ

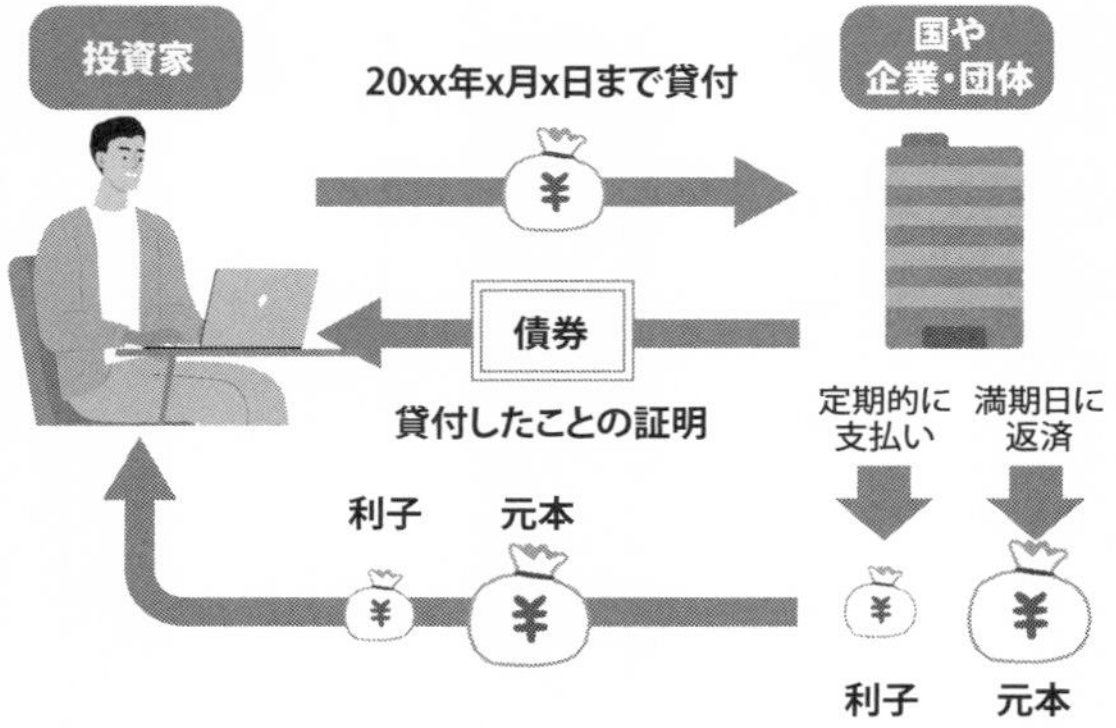

(株)Money&You作成

（図表4-15）債券 ETF

ETF 名	取引所価格	純資産総額	経費率（年率）	リターン（10年・年率）	直近分配金利回り（税込）
バンガード超長期米国債 ETF（EDV）	72.44ドル	31億ドル	0.06%	0.97%	4.24%

※リターン・分配金利回りはドルベース　　2024 年 4 月 8 日時点

㈱ Money&You 作成

とはいえ、日本の債券は利回りが低いのが難点です。そこで外国債券に目を向けましょう。

たとえば米国債に投資するＥＴＦ**「バンガード超長期米国債ＥＴＦ（ＥＤＶ）」**［経費率：０・０６％］の直近分配金利回りは４・24％です（２０２４年４月８日時点）。

なお、外国債券の分配金利回りは高いですが、為替リスクがあることには注意が必要です。

★REIT・REIT ETF

REITは、不動産に投資する投資信託です。REITは、多くの投資家から集めた資金でオフィスビル、商業施設、物流施設、ホテル、リゾートなどの不動産を購入し管理します。そして、管理している不動産を貸すことで賃貸収入を得たり、売却したりすることで売買益を得たりします。そうして得られた利益からコストを差し引いたお金を、投資額に応じて投資家に分配します。

不動産市場は景気の影響を受けやすいといわれますが、賃料を払う会社や人が急にいなくなるわけではありません。REITならば、賃貸収入によって安定した利益を望むことができるのがメリットです。REITは一般的な投資信託とは異なり、原則的に利益がそのまま投資家に分配されます。利益の90％以上を分配した投資法人は法人税が免除される（租税特別措置法）ためです。

実物の不動産に投資をするには多額の資金が必要ですが、REITを利用すれば少額から分散投資ができ、入居者探しや物件管理の手間もかかりません。そのうえ、売却も手軽

（図表4-16）REITのイメージ

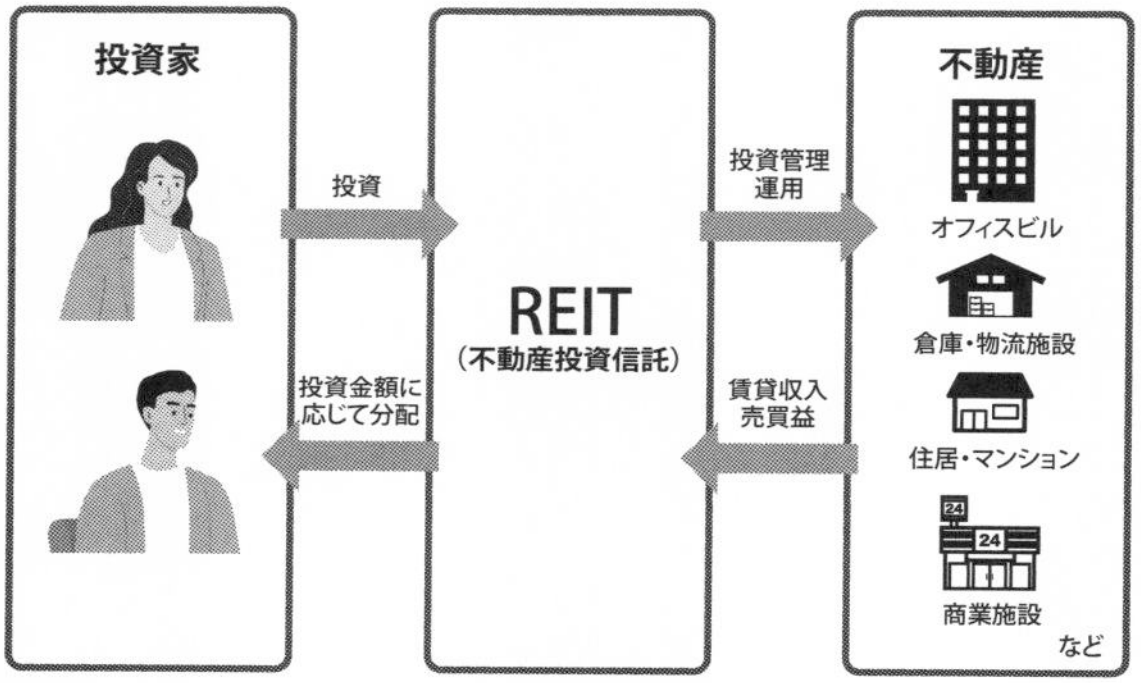

賃貸収入によって安定した利益が望める

㈱Money&You 作成

です。ただし、台風や地震などにより投資先の不動産が被災した場合に、収益が失われるというリスクもあります。

ＲＥＩＴの投資対象となる不動産には、オフィスビル、商業施設、住居、物流施設、ホテルなどがあります。おすすめは物流系や倉庫系のＲＥＩＴです。住宅系、ホテル系、商業施設系のＲＥＩＴは好不況による客足の波があり、思うような成果をあげられないリスクが、物流系・倉庫系と比べて高いといえます。その点、物流系・倉庫系のＲＥＩＴは規模感が大きく、契約企業の入れ替わりが少ないことから安定的とされています。

ＲＥＩＴに投資する方法は、ＲＥＩＴに直接投

(図表4-17) REITの3つの種類

	個別REIT	REITファンド	REIT ETF
投資先	商業施設、オフィス、住宅、ホテル、物流施設などの不動産	複数の個別REIT	複数の個別REIT
購入できる金融機関	証券会社	証券会社・銀行など	証券会社
取引できる時間	証券取引所の取引時間内	1日1回	証券取引所の取引時間内
最低投資金額	数万～数十万円	100円～	数千円～
手数料	売買手数料	購入時手数料（金融機関による）信託報酬（ETFより比較的高め）	売買手数料（証券会社による）信託報酬（ファンドより安め）

㈱Money&You作成

資する方法（個別REIT）だけでなく、REITファンドやREIT ETFがあります。

個別REITは証券取引所に上場していますので、株と同じ要領で売買できます。REITは1口単位ですので、証券会社のウェブサイトに記載されている投資口価格で売買できます。全体の7割が20万円未満で購入できます。

REITファンドは複数の個別REITに投資する投資信託です。REITファンドを1本買えば、複数の個別REITに分散投資したのと同様の効果を得ることができます。

REIT ETFはREITの値動きにより作られる指数に連動するETFを購入する方法です。たとえば「東証REIT指数」と連動を目指すETFを購入すれば、日本のREIT市場全体にまとめて投資したのと同じような効果が期待できます。

新ＮＩＳＡが始まったことで、高い配当金がもらえる高配当株に注目が集まっていますが、新ＮＩＳＡで日本のＲＥＩＴに投資すれば、高配当株よりも値動きを抑えながら、年４％程度の分配金を安定的にもらうことが期待できます。

ＲＥＩＴファンドで分配金がもらえる商品の多くが信託報酬の高いもので、これまでおすすめできるものがありませんでしたが、２０２４年５月８日より運用が開始される「**ＳＢＩ・Ｊ-ＲＥＩＴ（分配）ファンド（年４回決算型）**」は信託報酬が０・０９９％と低水準です。投資対象の配当利回りは年４・47％とあるので、高い分配金利回りが期待できます。

低コストで人気のあるＲＥＩＴ ＥＴＦに「**ＮＥＸＴ ＦＵＮＤＳ 東証ＲＥＩＴ指数連動型上場投信（１３４３）**」［経費率：年０・１７０５％］があります。東証に上場するＲＥＩＴ

（図表4-18）REIT ETF

ETF名	取引所価格	純資産総額	経費率（年率）	リターン（10年・年率）	直近分配金利回り（税込）
NEXT FUNDS 東証REIT指数連動型上場投信（1343）	1,928円	4,768億円	0.1705％	5.70％	4.01％

※売買は10口単位　2024年4月8日時点

㈱Money&You作成

全銘柄を対象とした指数「東証ＲＥＩＴ指数」と連動するため、手軽にＲＥＩＴに分散投資できます。

【新ＮＩＳＡ以外で検討してもいい金融商品】

★Ｆｕｎｄｓ

Ｆｕｎｄｓは上場企業が作ったファンドにお金を貸し出す「貸付投資」のサービスで、人気を集めています。２０１９年１月にサービスを開始して以来、すでに４００本以上のファンドを運用しています。

Ｆｕｎｄｓで運用しているファンドの予定利回りは約1～3％となっています。Ｆｕｎｄｓで募集中のファンドに投資申込をすれば、あとは満期まで持っているだけで利息が得られるというわけです。もちろん、元本割れの可能性もありますが、そうならないよう、Ｆｕｎｄｓが一定の基準を設けてファンドの借り手企業を厳選しています。実際、２０２４年４月時点で元本割れを起こしたことはありません。

Ｆｕｎｄｓでは、１円単位で投資ができます。ですから、投資資金の少ない人でも気軽

（図表4-19）Fundsのイメージ

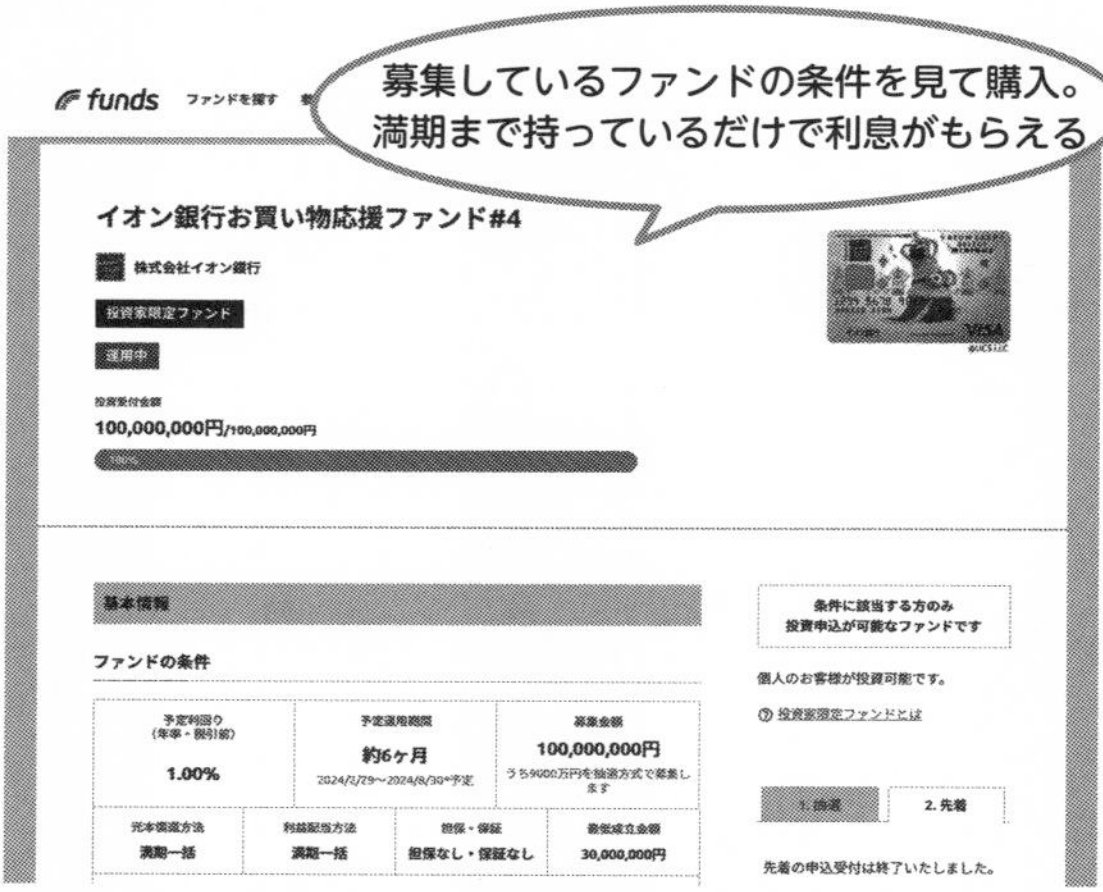

※Fundsサイト内の「イオン銀行お買い物応援ファンド＃4」のページ
Funds　https://funds.jp/

にスタートできます。投資期間も約１年程度と短めなので、短期間で投資をしたい場合にもおすすめ。会員登録・口座開設・口座管理・ファンドの投資申込・登録口座への出金に至るまで、手数料が無料となっています（登録口座からＦｕｎｄｓの口座への振込手数料のみ自己負担）。

また、ファンドの中には「Ｆｕｎｄｓ優待」を用意しているものもあります。Ｆｕｎｄｓ優待は、Ｆｕｎｄｓでファンドに投資した人がもらえるプレゼントです。Ｆｕｎｄｓ版の株主優待のようなものと言うとわかりやすいでしょう。過去には、「大阪王将ファンド」（予定利回り年２％）では、期間内何度でも使える同社店舗の10％割引券がもらえました。また、「イオン銀行お買い物応援ファンド」（予定利回り年1％）では抽選で50組100名にユニバーサル・スタジオ・ジャパンの1デイ・スタジオ・パスが当たりました。

ただし、Ｆｕｎｄｓの申し込みは先着の場合が多くあります。そのため、人気の案件は早々に（早い場合は分単位で）募集が終了してしまうことがある点には注意しましょう。

★個人向け社債

企業が発行する債券を社債といいます。社債の中にも、個人が買いやすい「個人向け社債」があります。定期的に利息が受け取れ、満期になったらお金が戻ってきます。

個人向け社債は、個人向け国債や定期預金などと比べて高い金利が見込めることがメリットです。たとえば、2023年2月に楽天グループが発行した「楽天モバイル債」は年率3・30％、満期までの期間は2年間で、50万円以上から購入可能でした。また、同じく2023年2月にカゴメが発行した「日本の野菜で健康応援債」は年率0・2％、10万円以上から購入可能でした。利率は高くないのですが、6種類の国産野菜350グラム分を使用した通販限定のジュース「カゴメつぶより野菜」が特典としてもらえました。ただ

（図表4-20）個人向け社債の例

会社名	債券名（愛称）	期間	利率（税引前）	格付
楽天グループ	楽天モバイル債	2年	3.30%	A（JCR）
カゴメ	日本の野菜で健康応援債	1年	0.20%	A（R&I）
ソフトバンクグループ	福岡ソフトバンクホークスボンド	7年	3.04%	A−（JCR）

㈱Money&You作成

（図表4-21）債券の格付（格付機関が調査・公表する信用度）

S&P・R&I・JCR	ムーディーズ	信用度	金利
AAA	Aaa	高い	低い
AA	Aa	↑	↑
A	A		
BBB	Baa		
BB	Ba		
B	B		
CCC	Caa		
CC	Ca	↓	↓
C	C	低い	高い

BBB（Baa）以上が「投資適格」（投資に適している）

BB（Ba）以下は「投資不適格」

※数字やプラスマイナスの記号などでさらに細分化される

(株)Money&You作成

し、どちらの社債も人気が高く、即完売となっています。

個人向け社債の金利は、社債を発行する企業によって変わります。通常、国債よりも社債のほうが利息や元本の支払いが滞る可能性（デフォルトリスク）が高いため、金利も国債より高い、というわけです。購入に際して手数料がかからないのもメリットです。

個人向け社債は、万が一、

発行した企業が破綻するようなことがあれば、元本が戻ってこない可能性があります。また、中途解約することでも元本割れする可能性があります。

社債を発行する企業が安定しているか、成長しそうかを確認する必要がありますが、細かく調べるのは大変です。

そこで活用したいのが信用格付です。信用格付は、利息や元本が受け取れるかという信用度をアルファベットや数字で表したものです。格付が高いほど安全性が高く、格付が低いほど金利が高くなります。もちろん、格付が高いからといって、「絶対に破綻《はたん》しない」という保証はありませんので留意しておきましょう。

★米国債（米国利付債）

国債は日本に限らず、各国で発行されています。各国の国債の中でも王道とされているのが、米国が発行する国債「米国債」です。米国債は格付が高い安全資産でありながら利回りも高いのがメリット。2024年4月時点でSBI証券や楽天証券で取り扱いのある米国債の利回りは年4％前後となっています。

米国債を買う時にチェックすることは、どれくらいの利息が受け取れるのかという「利率」・お金を貸す「期間」・貸すお金の「金額」の3つだけ。そして購入したら、あとは償《しょう》還《かん》日まで持っていればいいのですから手軽です。

米国債には、大きく「利付債」と「ストリップス債」の2種類があります。利付債は個人向け国債と同じく、保有中に利息が受け取れ、満期になると元本が戻ってくる債券。それに対してストリップス債は、額面より割引されて販売され、満期になると額面の金額が受け取れる債券です。

利付債は単利ですので、70歳以降の資産取り崩し期に活用することで、キャッシュフローを得ることができます。一方、ストリップス債は保有中に受け取った利息が元本に組み込まれるため複利効果が得られます。資産形成に向いているのはストリップス債ですが、キャッシュフロー資産として米国債を活用したいなら利付債となります。

ただし、米国債の売買は米ドルで行うため、為替変動リスクがあることには注意が必要です。購入時より換金時のほうが円安ならば利益が増えますが、逆に円高ならば利益が減ることになります。

【安全資産】

★定期預金

預金のうち、自由に引き出せるのが普通預金、はじめに1か月、6か月、1年などと預入期間を決めてお金を預けるのが定期預金です。

万が一金融機関が破綻しても、元本の1000万円とその利息までが保証されます。そのため、安全性はとても高いのがメリットです。

インターネット上で取引ができるネット銀行の中には、高い定期預金金利を提示している銀行もあります。たとえばオリックス銀行「eダイレクト預金」の「スーパー定期」(預入金額100万円以上)の場合、1年ものの金利が年0・20%となっています。また普通預金でも「あおぞら銀行 BANK」などでは年0・20%の金利を提示しています。

★変動10年国債

銀行の預貯金よりも利率が高く、安全性も高いのが個人向け国債です。個人向け国債は、

（図表4-22）変動10年国債の適用利率推移
（2022年1月発行分〜2024年5月発行分）

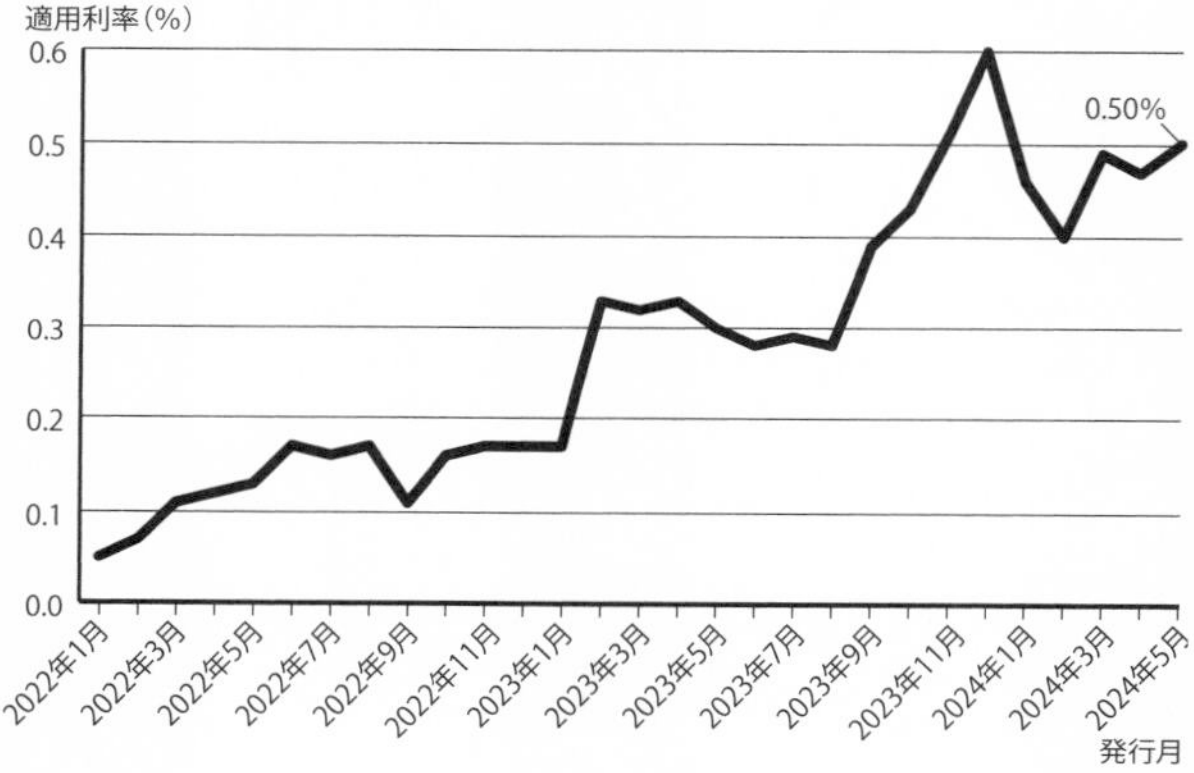

(株)Money&You作成

国債を個人でも買いやすくした商品です。毎月発行されており、最低1万円から1万円単位で購入できます。個人向け国債を保有していると、毎年一定の利息（支払いは年2回）が受け取れ、満期になると全額返ってきます。

個人向け国債のおすすめは変動金利で満期が10年の「変動10年」です。変動10年は、変動金利の名のとおり半年ごとに金利が見直されるので、今後の金利上昇に合わせて金利が上昇する可能性があります。もちろん、金利が下落すれば変動10年の金利も下落しますが、どれだけ下落しても年0・05%の最低金利は保証されています。

変動10年の金利は、2021年までは年0・05％の最低金利でした。しかし、2022年に入るとじわじわと上昇。2024年5月発行分（第169回）の適用利率は0・50％となっています。

また、個人向け国債は発行後1年経過すればいつでも中途換金できます（直近2回の金利が差し引かれます）が、元本割れすることもありません。

安全資産である預貯金と変動10年国債は、合わせて300万〜500万円は用意し、病気や介護に備えておきましょう。

2 60代は何に投資する？

ここからは、60歳から70歳までの資産形成期に何に投資するか、そしてどの程度お金が増えるのか、73ページの図表2－7、75ページの図表2－8で紹介したシミュレーションの考え方を利用して簡単に計算してみましょう。

【前提条件】

・60歳時点で500万円の資産をすべて投資信託・株のいずれかで複利運用

・70歳までの10年間、500万円の運用とは別に、毎月3万円ずつ積み立て投資を行う

・新NISAを利用（運用益非課税）

・投資先はリスク許容度に合わせて3種類想定。目標利回りは3％・5％・7％

【リスクを抑えて堅実に増やしたい人向け】目標利回り：年3％

ポートフォリオ例①

↓

・**「ニッセイ・インデックスバランスファンド（4資産均等型）」（100％）**

バランスファンド（4資産均等）

リスクを抑えて堅実に増やしていきたいならば、国内外の株と債券に25％ずつ分散投資する「**ニッセイ・インデックスバランスファンド（4資産均等型）**」1本に絞るのがシンプルで簡単です。資産配分は株と債券がそれぞれ50％ずつで、地域配分は国内と先進国

（図表4-23）ポートフォリオ例①

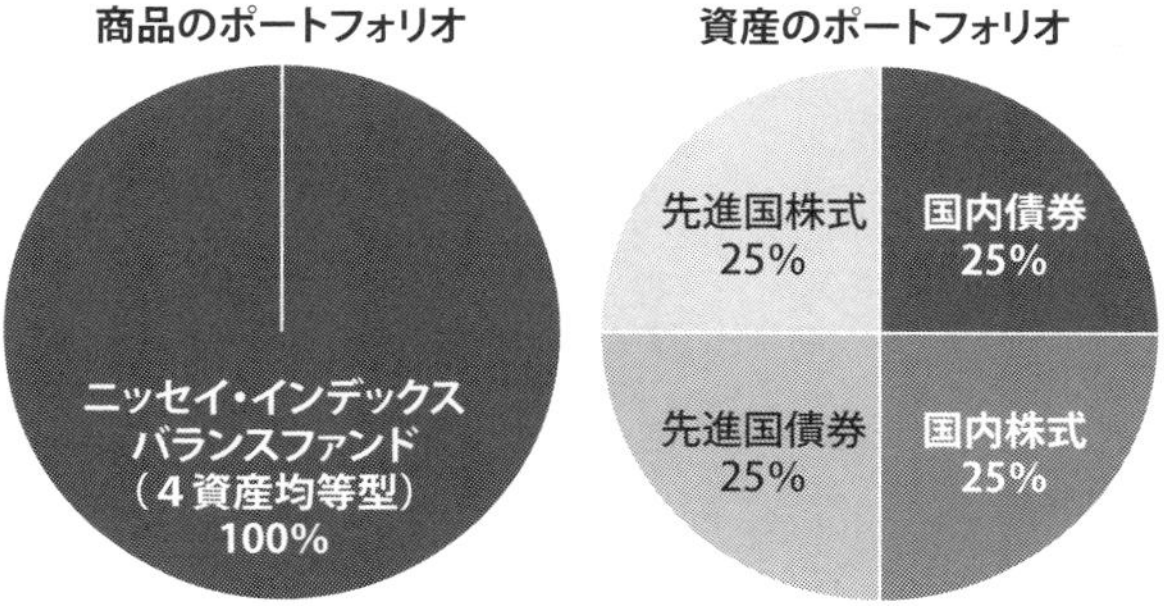

▶**資産500万円**を10年間・利回り年３％で運用できた場合
500万円×1.344=**672万円**
▶**月3万円**の積立投資で10年間・利回り年3%で運用できた場合　**419万円**
→672万円＋419万円＝1091万円

(株)Money&You作成

（図表4-24）ニッセイ・インデックスバランスファンド（4資産均等型）の積立購入シミュレーション

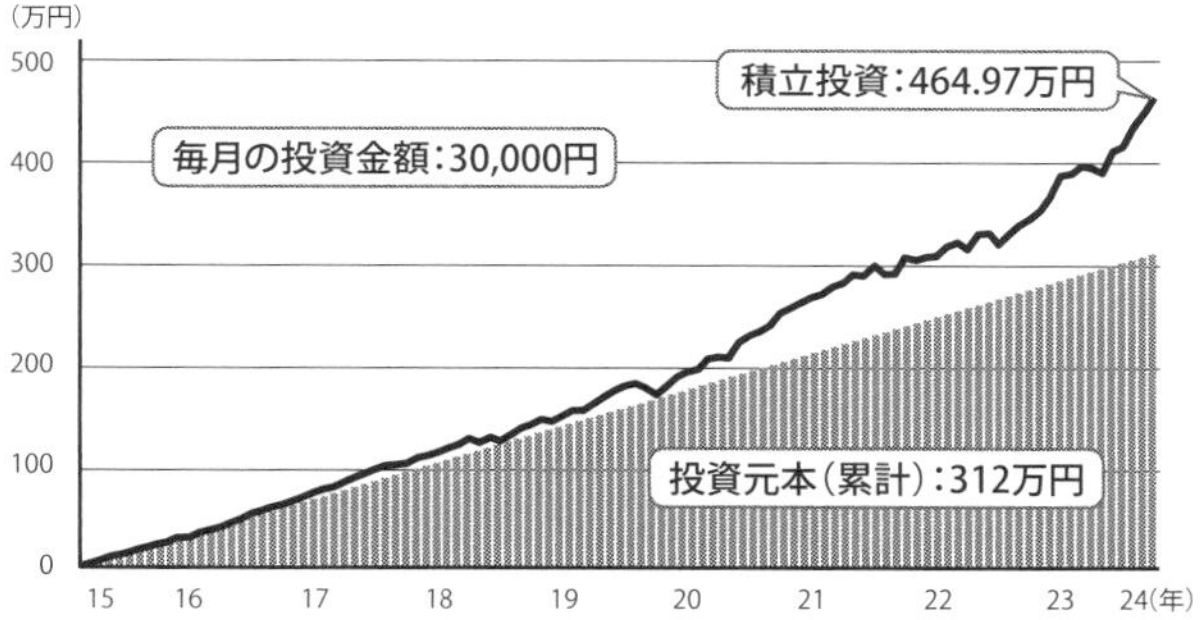

2024年3月29日時点
(株)Money&You作成

の比率も50％ずつ。500万円の一括投資＋月3万円の積立投資で利回りが年3％だった場合、資産合計は1091万円となります。

なお、ニッセイ・インデックスバランスファンド（4資産均等型）の運用がスタートした2015年8月から同商品に毎月3万円ずつ積立投資していたら、元本の312万円が約465万円になっていた計算です（2024年3月末時点）。将来も同様にお金が増えるとは限りませんが、ひとつのシミュレーションとして参考になるでしょう。

【やや積極的に運用したい人向け】目標利回り：年5％

ポートフォリオ例②

・「eMAXIS Slim 全世界株式（オール・カントリー）」（100％）→全世界株インデックスファンド

やや積極的に運用したいのであれば、「オルカン」こと**「eMAXIS Slim 全世界株式（オール・カントリー）」**1本に絞るのがシンプルで簡単です。全世界株とあるので、全世

（図表4-25）ポートフォリオ例②

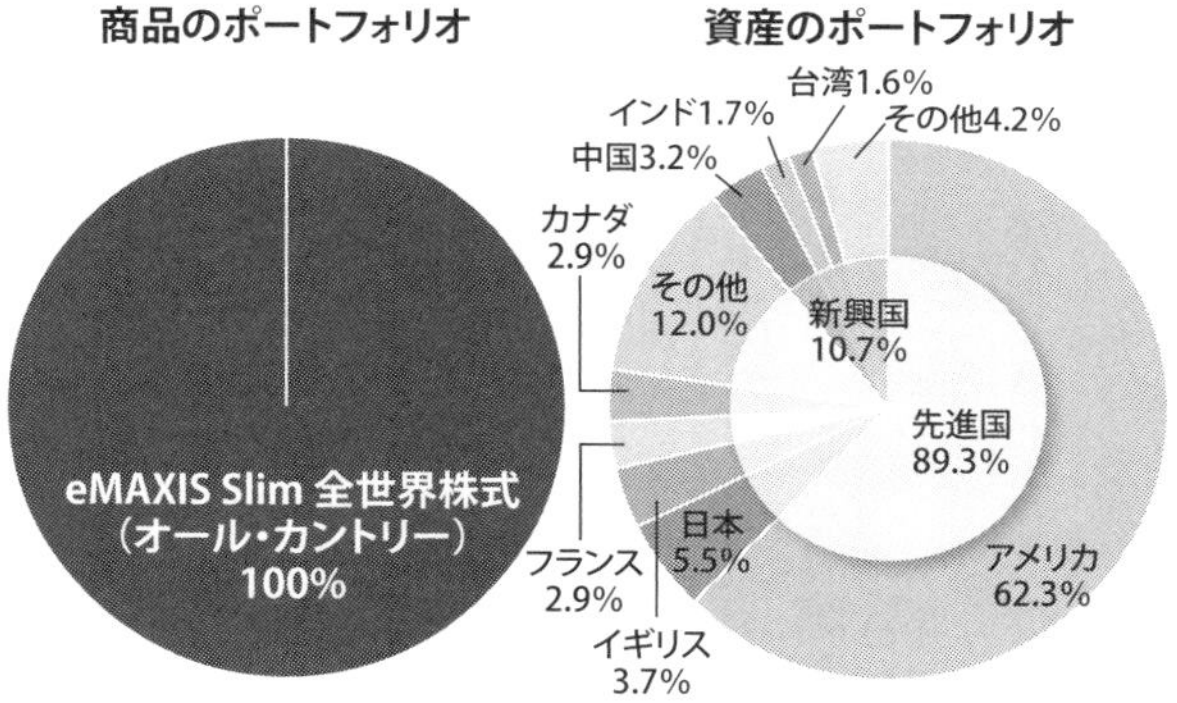

※国別の資産割合は2023年9月末時点

▶**資産500万円**を10年間・利回り年5%で運用できた場合
500万円×1.629=**814.5万円**
▶**月3万円**の積立投資で10年間・利回り年5%で運用できた場合　**466万円**
→814.5万円＋466万円＝1280.5万円

(株)Money&You作成

（図表4-26）eMAXIS Slim全世界株式（オール・カントリー）の積み立てシミュレーション

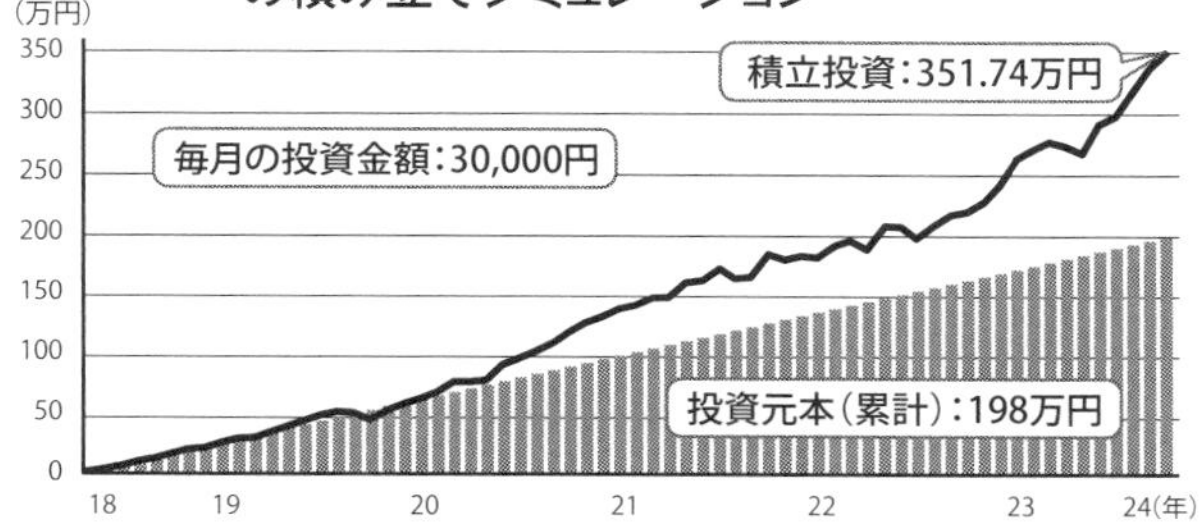

2024年3月29日時点
(株)Money&You作成

界株に均等に投資していると思われた人もいるかもしれませんが、実際はグラフのとおり、米国だけで約6割を占めています。米国株の配分が多いということを知らない人も多いので、覚えておきましょう。

米国株が多い理由は、やはり米国が世界経済の中心で、長らく大きく成長してきたからです。米国が今後もずっと成長を続けるという保証はありませんが、オルカンでは米国以外の先進国・新興国も約4割組み込んでいるので、米国だけに集中するよりも分散投資効果が期待できます。500万円の一括投資＋月3万円の積立投資で利回り年5％の場合、資産合計は1280・5万円となる計算です。

オルカンの運用がスタートした2018年10月から同商品に毎月3万円ずつ積立投資していたら、元本の198万円が約352万円になっていた計算です（2024年3月末時点）。運用開始から約5年半で約1・8倍に増えています。

【積極的にお金を増やしたい人向け①】目標利回り：年7％

全世界株インデックスファンド＋日本株

- **「eMAXIS Slim 全世界株式（オール・カントリー）」（40％）**
- **日本株（60％）**
- **毎月3万円の積立投資では「eMAXIS Slim 全世界株式（オール・カントリー）」を購入**

↓

ポートフォリオ例③

積極的に運用したいのであれば、地域分散を考慮して、オルカン＋日本株の投資がひとつの手です。

60歳時点で**オルカン**に200万円、**日本株**に300万円、合わせて500万円投資し、70歳までは毎月3万円ずつオルカンに積立投資を行います。日本株の銘柄数は、リスク分散と管理の手間を考慮して、5〜10銘柄を選ぶのがいいと思います。

60歳時点の資産のポートフォリオは、オルカン200万円分に日本株だけ300万円分が加わるので、日本が占める割合が約6割と大きくなります。しかし、以後オルカンに積立投資することで徐々に日本株の占める割合が減っていきます。70歳時点でのポートフォリオ（投資金額ベース）は米国株40・6％、日本株38・5％となり、バランスが取れています。

500万円の一括投資＋月3万円の積立投資で利回りが年7％だった場合、資産合計は1502・5万円となります。

試算は省略しますが、日本株の割合が多くなるのが気になるならば**「eMAXIS Slim 全世界株式（除く日本）」**、米国株に投資したいなら**「楽天・全世界株式（除く米国）インデックス・ファンド」**のように、日本・米国を除いた投資信託と組み合わせる方法もあります。日本・米国に資産が偏ることを防げ、分散投資効果が高まります。

（図表4-27） **ポートフォリオ例③**

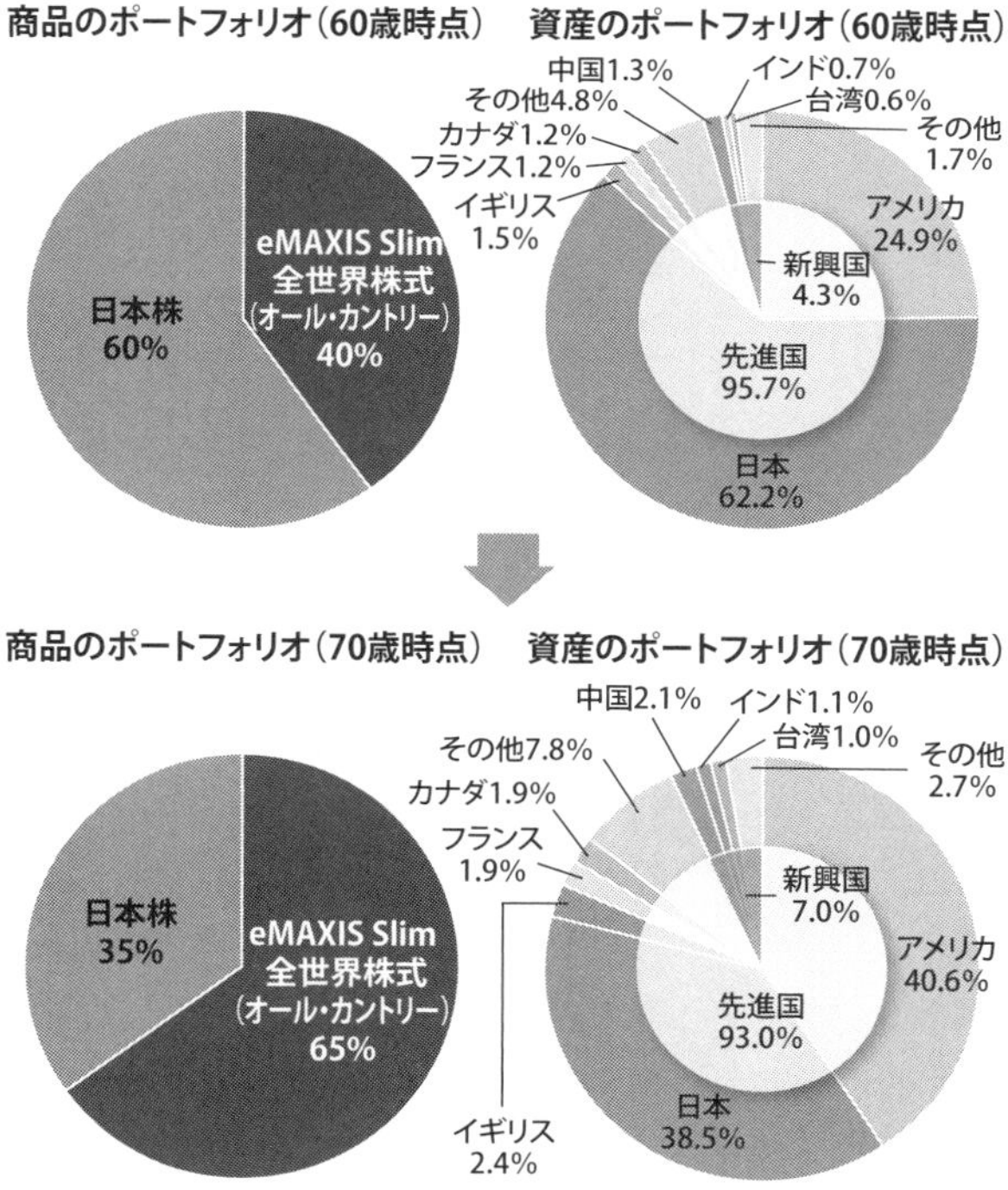

※70歳時点のポートフォリオは投資金額ベースの配分で作成しています

▶**資産500万円**（オルカン200万円＋日本株300万円）を10年間・利回り年7%で運用できた場合
500万円×1.967=**983.5万円**

▶**月3万円**の積立投資で10年間・利回り年7%で運用できた場合　**519万円**

→983.5万円＋519万円＝1502.5万円

(株)Money&You作成

【積極的にお金を増やしたい人向け②】目標利回り：年7%超

全世界株インデックスファンド＋NASDAQ100ファンド

・「eMAXIS Slim 全世界株式（オール・カントリー）」（70%）

・「楽天・NASDAQ-100インデックス・ファンド」（30%）

・毎月3万円の積立投資では半分の金額ずつ購入

↓

ポートフォリオ例④

オルカンに加えて、高いパフォーマンスで話題のNASDAQ100に投資するファンドを組み合わせたパターンです。当初の500万円は**オルカン**70%、「**楽天・NASDAQ-100インデックス・ファンド**」に30%の割合で振り分け、毎月3万円の積立投資では両ファンドに半分ずつ投資します。利回りが年7%だった場合、資産合計は1502・5万円に。

ただし、ポートフォリオに占める米国の割合はオルカンだけを購入する時よりもさらに高くなります。楽天・NASDAQ-100インデックス・ファンドは100%米国に投

（図表4-28）ポートフォリオ例④

商品のポートフォリオ（60歳時点）

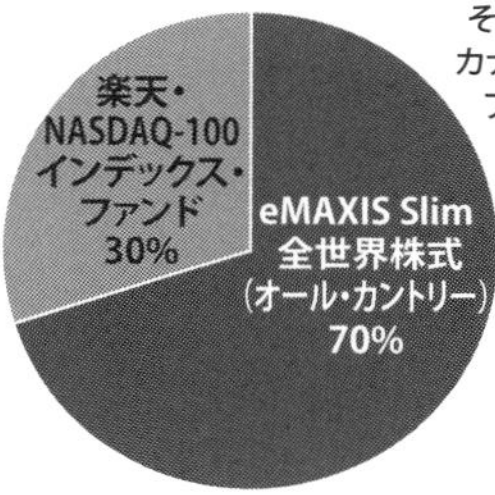

資産のポートフォリオ（60歳時点）

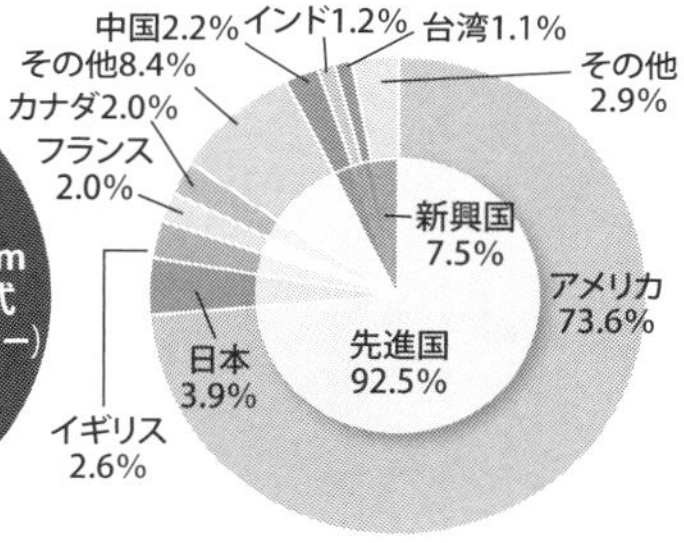

商品のポートフォリオ（70歳時点）

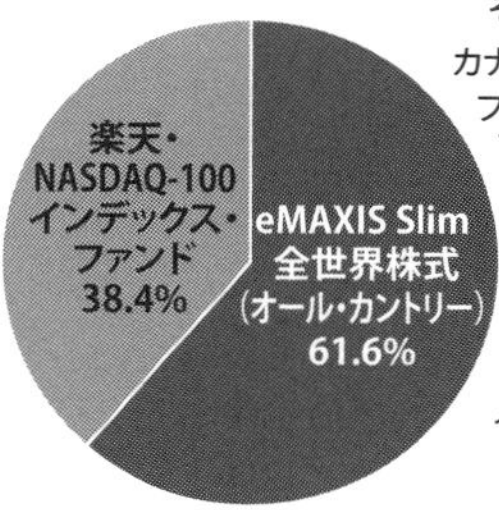

資産のポートフォリオ（70歳時点）

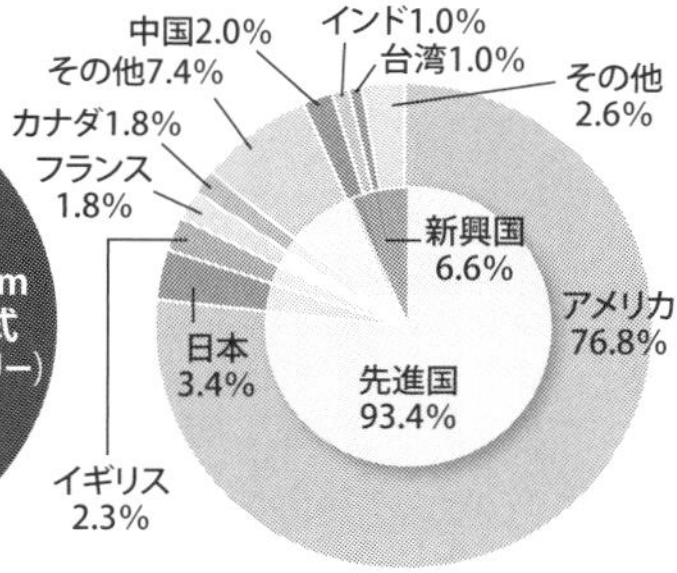

※70歳時点のポートフォリオは投資金額ベースの配分で作成しています

▶**資産500万円**（オルカン350万円＋楽天・NASDAQ-100インデックス・ファンド150万円）を10年間・利回り年7%で運用できた場合
500万円×1.967=**983.5万円**

▶**月3万円**の積立投資で10年間・利回り年7%で運用できた場合　**519万円**

→983.5万円＋519万円＝1502.5万円

(株)Money&You作成

資しますので、両ファンドに占める米国の割合は60歳時点で70%を超えます。また、以後も積立投資を続けることで米国の割合が少しずつ増加します。

米国は世界経済の中心であり、今後も成長を続けると考えられますが、いつまでも値上がりを続けることはありませんし、一時的な値下がりや暴落は起こりえます。また、為替リスクも取っていることから資産の変動が大きくなる点に留意しておきましょう。

ここまで紹介してきた資産を組み合わせて、自分に合った資産配分で70歳までの資産の積み上げをしていきましょう。

もっとも、本章で紹介した資産をすべて利用する必要はまったくありません。ポートフォリオ例からもわかるように、たとえば1～2本の投資信託に絞ってじっくりと投資する、好みに合わせて個別株を数銘柄加えるという具合でよいでしょう。

あれこれと商品を組み合わせて複雑にすれば運用成績が上がるというものでもありません。できる限りシンプルな仕組みにして、手間をかけずに楽に投資に取り組みましょう。

第5章

70歳からの資産取り崩し〈運用モデル・シミュレーション〉

1　資産をどう「キャッシュフローを生む資産」に替えるか

70歳になったら、ここまで運用で増やしてきた資産を取り崩すフェーズに入ります。

4章で、60歳から70歳までの資産形成期のポートフォリオ例を紹介しました。仮にその目論見どおりにお金が増やせていれば、投資信託や株での運用でおおよそ1000万円から1500万円の資産が築けていることになります。この資産の一部を、「キャッシュフローを生む資産」に替えていきます。

取り崩し資産もキャッシュフローを生む資産も新NISAを利用するのが鉄則。税金がかかるかどうかは手取り金額に大きな影響を及ぼします。

60代で複数の資産を保有しているならば、リスクの高い資産から切り替えます。たとえば、投資信託と株（高配当株を除く）を保有しているなら、株から切り替えていきます。

新NISAの成長投資枠では、年間240万円までしか投資できませんので、キャッ

（図表5-1）資産を「キャッシュフローを生む資産」へ

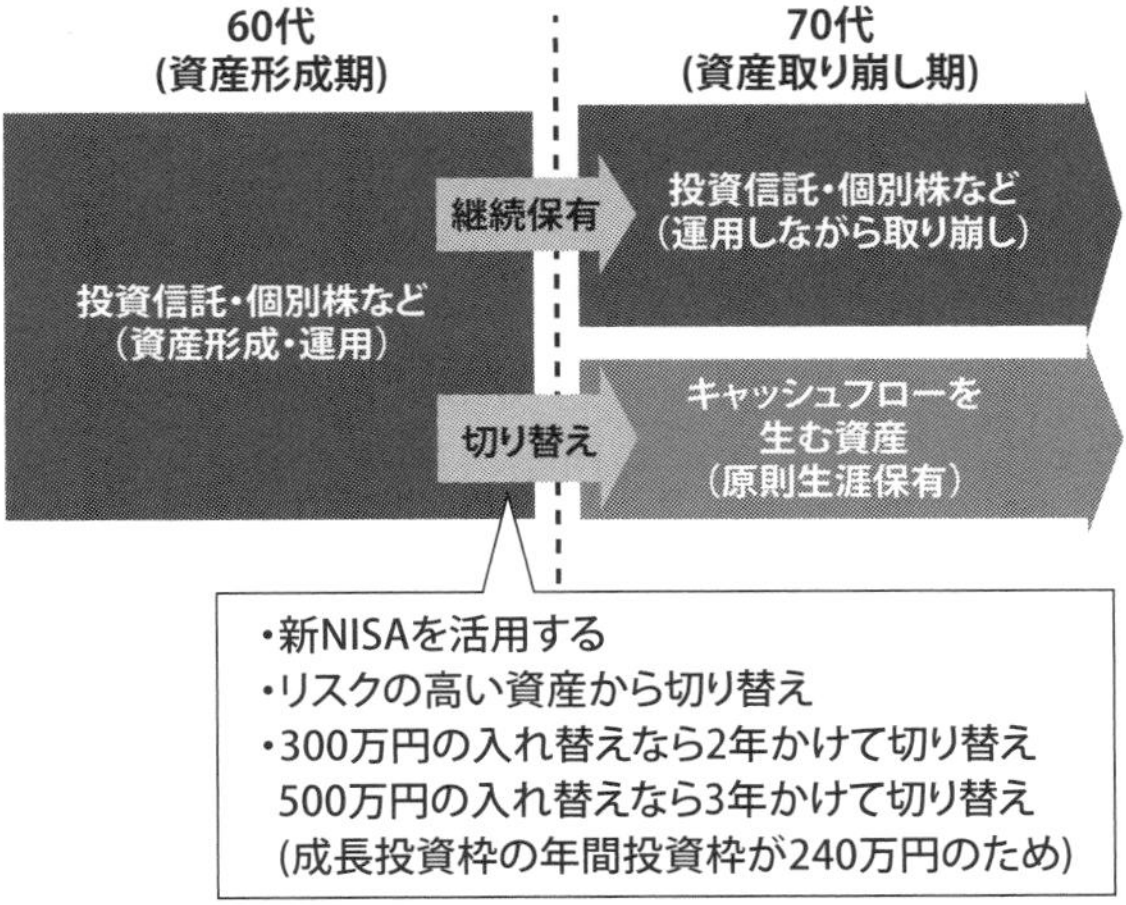

(株)Money&You作成

シュフローを生む資産を300万円とするならば2年、500万円とするならば3年かけて切り替えていくことになります。

なお、「300万円」「500万円」と金額きっかりで切り替えるなら、高配当株ファンドを利用するのが手軽です。株は銘柄により購入単価がまちまちですが、高配当株ファンドであれば、自分で決めた金額で投資できます。

2　5つの運用モデル・シミュレーション

それでは実際に、５つのパターンに分けて運用モデルのシミュレーションを紹介します。70代以降の収入には、年金収入、キャッシュフローを生む資産（図表中ではＣＦ資産と表記）からの収入、そして取り崩し資産からの収入の３つがあります。

以下の運用モデルで毎月の収入がどう変わるのかを示します。

ちなみに、年金収入は、いずれの運用モデルでも、70歳から受け取ることとし、月の手取りを18万円（65歳時点の年金額面が月14万円、70歳に繰り下げると１・42倍の約20万円。額面の10％が税金・社会保険料として引かれる）と設定しています。

また、もしもの時のためのお金である預貯金は、一人あたり３００万～５００万円は別途ある前提で考えていきます。

ケース1　ローリスクで堅実な運用モデル
➡月に年金＋3・3万～5・5万円を確保

　まずは保守的に見積もった場合のシミュレーション例です。60代の10年間で**「ニッセイ・インデックスバランスファンド（4資産均等型）」**（以下「ニッセイ」）に投資し、10年間で1000万円の資産を築いたとします。このうち300万円を**「SBI日本高配当株式（分配）ファンド（年4回決算型）」**（以下「SBI」）に投資して、保守的に低めに見積もって年3％の分配金を得られたとします。

　キャッシュフロー資産として「SBI」を選んだことにしていますが、4章で紹介したキャッシュフロー資産の中から自分にあったものを選べばOKです。たとえば高配当株ファンドの**「Tracers日経平均高配当株50インデックス（奇数月分配型）」**、高配当株ETFの**「NEXT FUNDS 日経平均高配当株50指数連動型上場投信（1489）」**、REIT ETFの**「NEXT FUNDS 東証REIT指数連動型上場投信（134**

3）」などが候補です。日米の高配当株や個別REITといった選択肢もあるでしょう。
残った「ニッセイ」の700万円を保守的に年3％で運用しながら、8％で定率取り崩しをするとします。

70歳からの定率取り崩しでは、当初月4・7万円ほど取り崩すことができます。以後、徐々に取り崩せる金額は減っていきますが、年金とキャッシュフローを生む資産を合わせた手取りは月21・3万〜23・5万円と、月20万円以上の手取り収入を確保できます。残高が350万円を切る84歳以降は、定額取り崩しに移行すると97歳まで毎月21・3万円の手取りを確保できます。

98歳時点で取り崩し資産はほぼなくなりますが、貯金300万〜500万円＋キャッシュフローを生む資産300万円は残ります。死ぬまで医療費・介護費がかからなければ、これらのお金は葬儀代・相続へ回せばよいですし、前述のとおり、高配当株などキャッシュフローを生む資産は売却するオプションもあります。また、取り崩し資産がなくなっても年金がもらえますので、収入がゼロになるようなことはありません。

(図表5-2) ケース1 ローリスクで堅実な運用モデル ⇒月に年金プラス約3.3万~5.5万円を確保

【前提条件】

70歳まで

▶**1000万円**を「**ニッセイ・インデックスバランスファンド(4資産均等型)**」で新NISAで保有

70歳以降

▶**300万円**をCF資産「**SBI日本高配当株式(分配)ファンド(年4回決算型)**」に替えて新NISAで保有

※分配金利回り3%*として年9万円(月0.8万円)

▶**700万円**を「**ニッセイ・インデックスバランスファンド(4資産均等型)**」で年利3%*で運用しながら取り崩す

⇒前半定率:8%で取り崩す

⇒後半定額:残高が350万円になったら年30万円(月2.5万円)を取り崩す

*保守的に分配金利回り及び年利を3%と設定

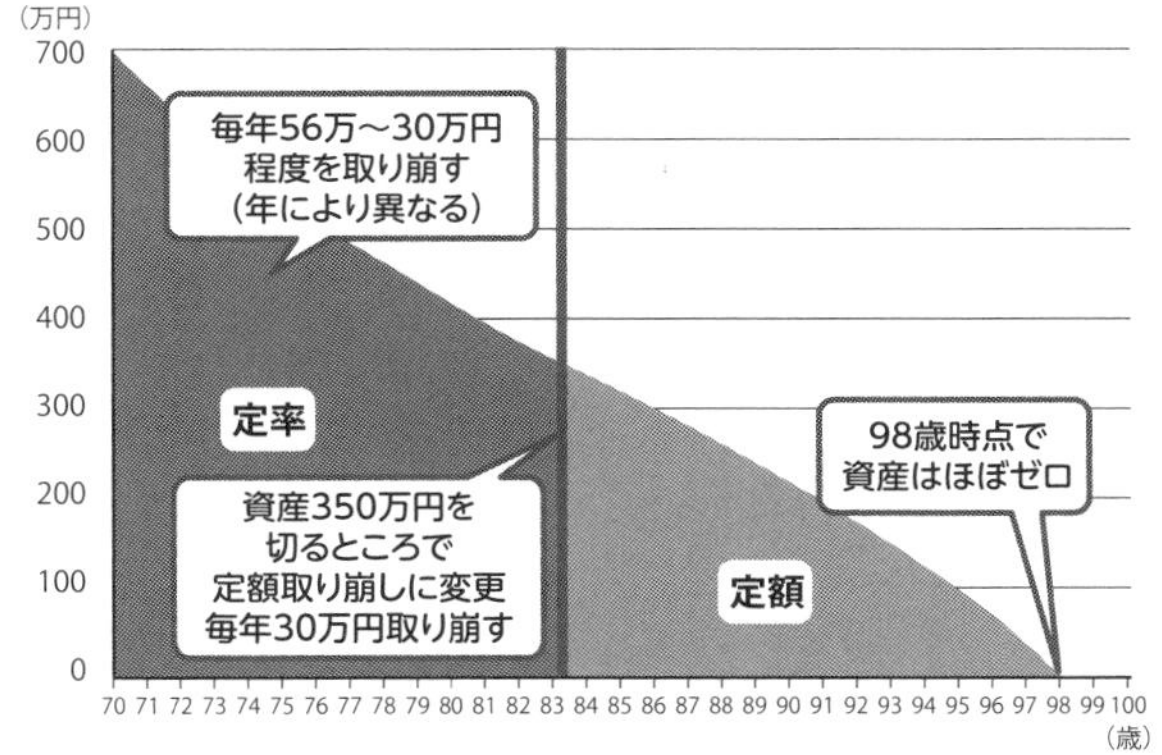

	年金	CF資産	取り崩し資産	合計
【定率取り崩し】70~83歳	18万円	0.8万円	2.5万~4.7万円	21.3万~23.5万円
【定額取り崩し】84~97歳	18万円	0.8万円	2.5万円	21.3万円
【取り崩し後】98歳以降	18万円	0.8万円	ー	18.8万円

㈱Money&You作成

ケース2 ノーマルな運用モデル
➡月に年金＋4万〜7万円を確保

「eMAXIS Slim 全世界株式（オール・カントリー）」（以下「オルカン」）の目標利回りは5％と紹介していましたので、ここでも年5％で運用しながら取り崩す前提としています。

定率取り崩しは10％とし、「SBI」から年4％のキャッシュフローが得られたとすると、年金を含む毎月の手取り収入は22・2万〜24・8万円。①の保守的な運用モデルより月1万円程度手取りが増えます。

定額取り崩しのフェーズでは年36万円と、月3万円の収入を確保できるので、毎月の手取り収入は22万円になります。この計算では97歳時点で資産がほぼゼロになりますが、以後も毎月19万円の収入が得られます。

なお、貯金300万〜500万円＋キャッシュフローを生む資産300万円は残ります。キャッシュフローを生む資産は売却するオプションもあります。

(図表5-3) ケース2 ノーマルな運用モデル
⇒月に年金プラス約4万~7万円を確保

【前提条件】

70歳まで

▶**1000万円**を「**eMAXIS Slim 全世界株式(オール・カントリー)**」で新NISAで保有

70歳以降

▶**300万円**をCF資産「**SBI日本高配当株式(分配)ファンド(年4回決算型)**」に替えて新NISAで保有

※分配金利回り4%として年12万円(月1万円)

▶**700万円**を「**eMAXIS Slim 全世界株式(オール・カントリー)**」で年利5%で運用しながら取り崩す

⇒前半定率:10%で取り崩す

⇒後半定額:残高が350万円になったら年36万円(月3万円)を取り崩す

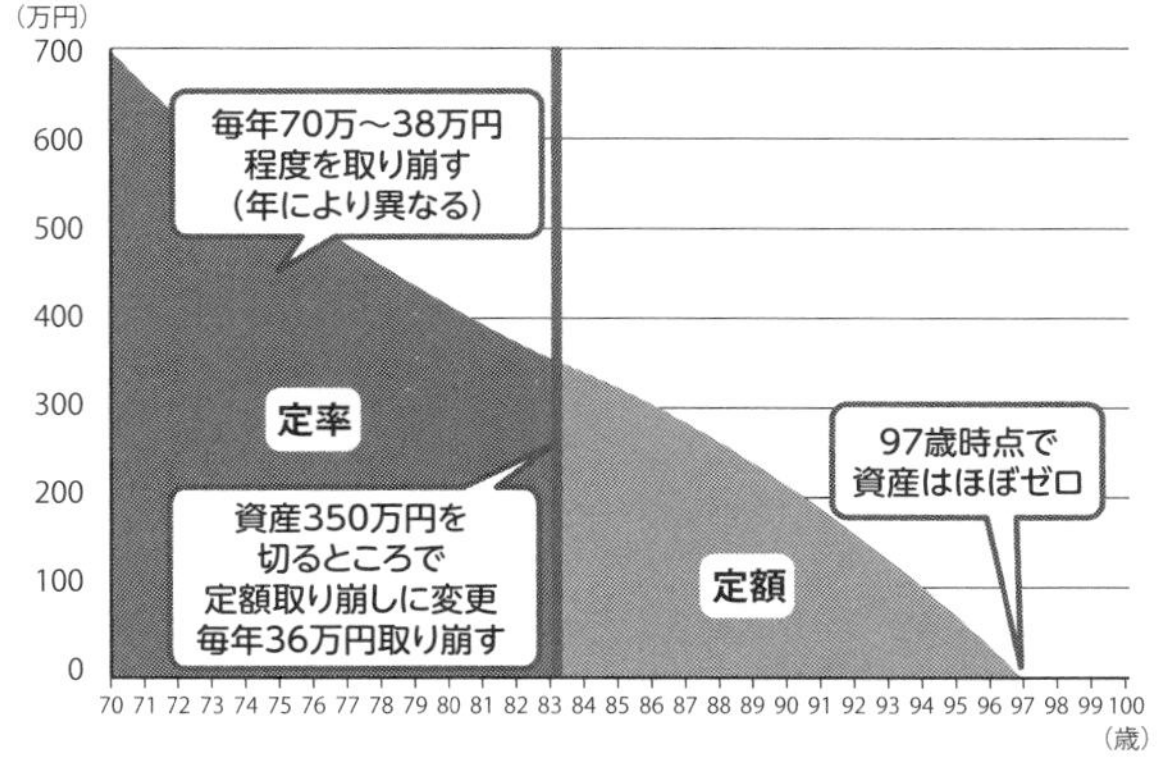

	年金	CF資産	取り崩し資産	合計
【定率取り崩し】70 ~ 83 歳	18万円	1万円	3.2万~5.8万円	22.2万~24.8万円
【定額取り崩し】84 ~ 96 歳	18万円	1万円	3万円	22万円
【取り崩し後】97 歳以降	18万円	1万円	ー	19万円

㈱ Money&You 作成

ケース3 老後前半の元気なうちにお金を使いたい人の運用モデル

➡月に年金＋8万円を確保

比較的元気で余裕がある老後の前半、80歳までにできるだけお金を使いたい！という人向けに、80歳までに資産をゼロにする運用モデルを作りました。お金をたくさん取り崩したいので、シンプルに定額取り崩しを採用しています。年4％で運用しながら定額取り崩しを行うことで、70代は毎年86万円ずつ取り崩すことが可能。毎月の手取り収入は26・2万円まで増やせます。

80歳で資産の取り崩しは終わってしまいますが、貯金3００万～5００万円＋キャッシュフローを生む資産3００万円は残ります。キャッシュフローを生む資産は売却するオプションもあります。以後も年金とキャッシュフローを生む資産からの収入月1万円はありますので、収入がゼロになることはありません。

（図表5-4）ケース3 老後前半の元気なうちにお金を使いたい人の運用モデル ⇒80歳まで月に年金プラス約8万円を確保

【前提条件】

70歳まで

▶**1000万円**を**「ニッセイ・インデックスバランスファンド（4資産均等型）」**で新NISAで保有

70歳以降

▶**300万円**をCF資産**「SBI日本高配当株式（分配）ファンド（年4回決算型）」**に替えて新NISAで保有

※分配金利回り4％として年12万円（月1万円）

▶**700万円**を**「ニッセイ・インデックスバランスファンド（4資産均等型）」**で年利4％で運用しながら取り崩す

⇒定額取り崩しのみ：80歳時点で取り崩し修了

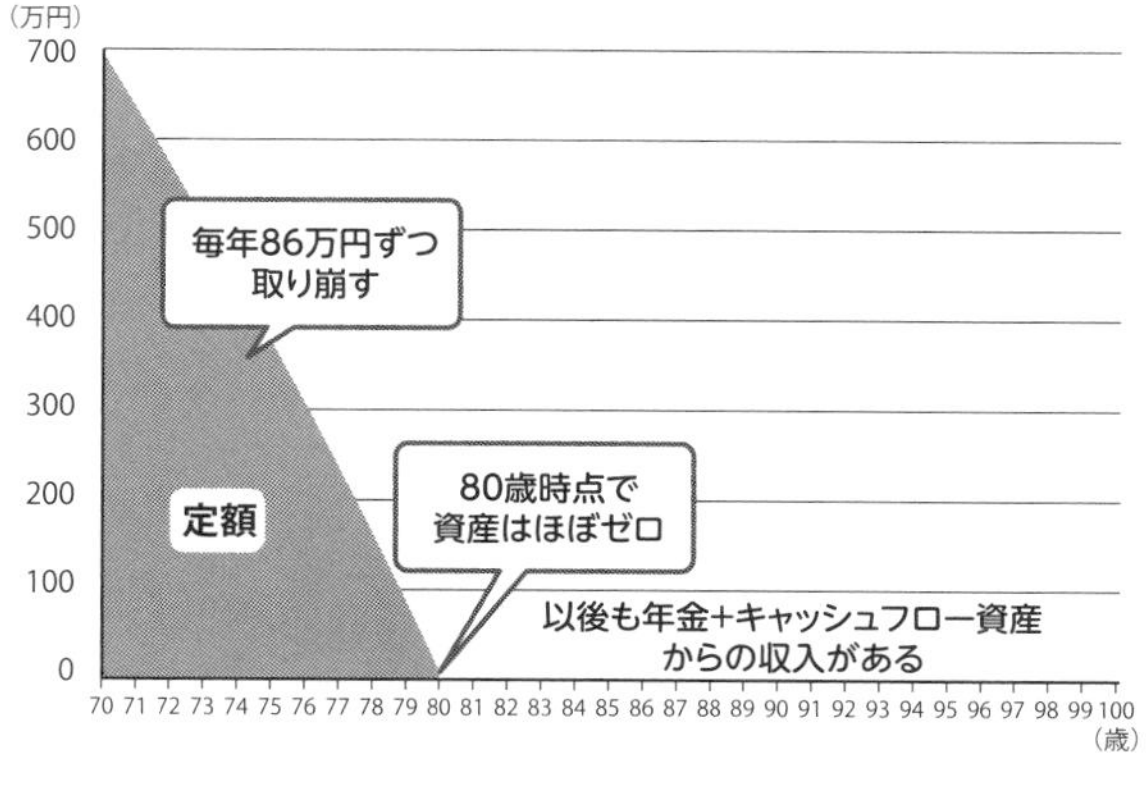

	年金	CF資産	取り崩し資産	合計
【定額取り崩し】70～80歳	18万円	1万円	7.2万円	26.2万円
【取り崩し後】81歳以降	18万円	1万円	ー	19万円

㈱Money&You作成

ケース4　運用資産1500万円を作れた人の運用モデル①

➡月に年金+5万〜8万円を確保

資産総額が1500万円になったので、キャッシュフローを生む資産を500万円に増額。残りの1000万円を運用しながら取り崩します。金額が違うだけで、やっていることは変わりません。ここでは「ニッセイ」を年4%で運用しながら取り崩し、「NEXT FUNDS 東証REIT指数連動型上場投信（1343）」から年20万円、月約1・7万円のキャッシュフローをもらう計算としました。

87歳まで定率取り崩しで3・5万〜6・7万円を引き出し、以後は定額取り崩しで年50万円ずつ取り崩すようにすると、100歳時点で資産がほぼゼロになる計算ですが、貯金300万〜500万円万円+キャッシュフローを生む資産500万円は残ります。キャッシュフローを生む資産は途中で売却するオプションもあります。

(図表5-5) ケース4 運用資産1500万円を作れた人の運用モデル①⇒月に年金プラス約5万〜8万円を確保

【前提条件】

70歳まで

▶**1500万円**を**「ニッセイ・インデックスバランスファンド(4資産均等型)」**で新NISAで保有

70歳以降

▶**500万円**をCF資産**「NEXT FUNDS 東証REIT指数連動型上場投信(1343)」**に替えて新NISAで保有

※分配金利回り4%として年20万円(月1.7万円)

▶**1000万円**を**「ニッセイ・インデックスバランスファンド(4資産均等型)」**で年利4%で運用しながら取り崩す

⇒前半定率:8%で取り崩す

⇒後半定額:残高が500万円になったら年50万円(月4.2万円)を取り崩す

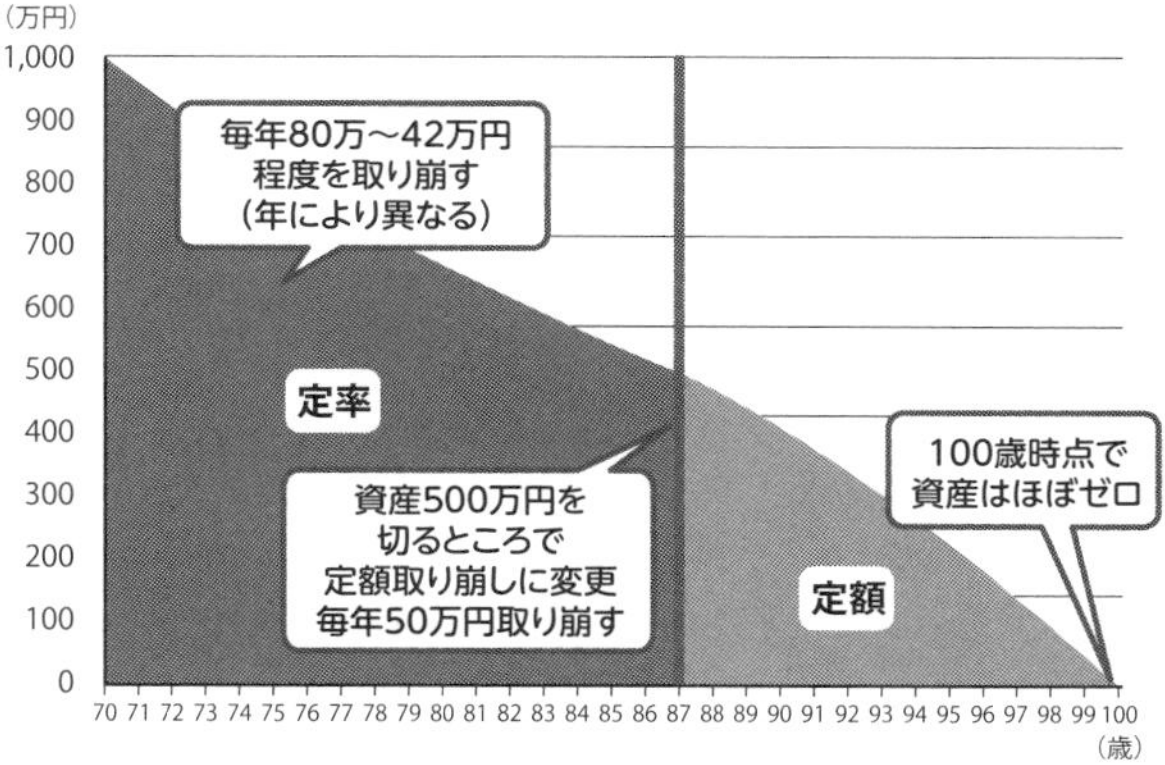

	年金	CF資産	取り崩し資産	合計
【定率取り崩し】70 〜 87 歳	18万円	1.7万円	3.5万〜6.7万円	23.2万〜26.4万円
【定額取り崩し】88 〜 100 歳	18万円	1.7万円	4.2万円	23.9万円
【取り崩し後】100 歳以降	18万円	1.7万円	ー	19.7万円

㈱ Money&You 作成

ケース5　運用資産1500万円を作れた人の運用モデル②

⬇月に年金＋6万～10万円を確保

同じ資産1000万円でも**「オルカン」**で年率5％の運用をしながら取り崩すことで、83歳までの間、手取りを24・2万～28万円に増やすことができます。84歳以降の定額取り崩しはケース4と同様ですが、老後の前半に多くお金を使うことができるため、老後の豊かさも向上します。

ただし、「ニッセイ」よりも値動きが大きい分、想定どおりに取り崩せないリスクも高まる点には注意です。

(図表5-6) ケース5 運用資産1500万円を作れた人の運用モデル②⇒月に年金プラス約6万~10万円を確保

【前提条件】

70歳まで

▶**1500万円**を**「eMAXIS Slim 全世界株式(オール・カントリー)」**で新NISAで保有

70歳以降

▶**500万円**をCF資産**「日米の高配当株」**に替えて新NISAで保有

※配当利回り4%として年20万円(月1.7万円)

▶**1000万円**を**「eMAXIS Slim 全世界株式(オール・カントリー)」**で年利5%で運用しながら取り崩す

⇒前半定率:10%で取り崩す

⇒後半定額:残高が500万円になったら年50万円(月4.2万円)を取り崩す

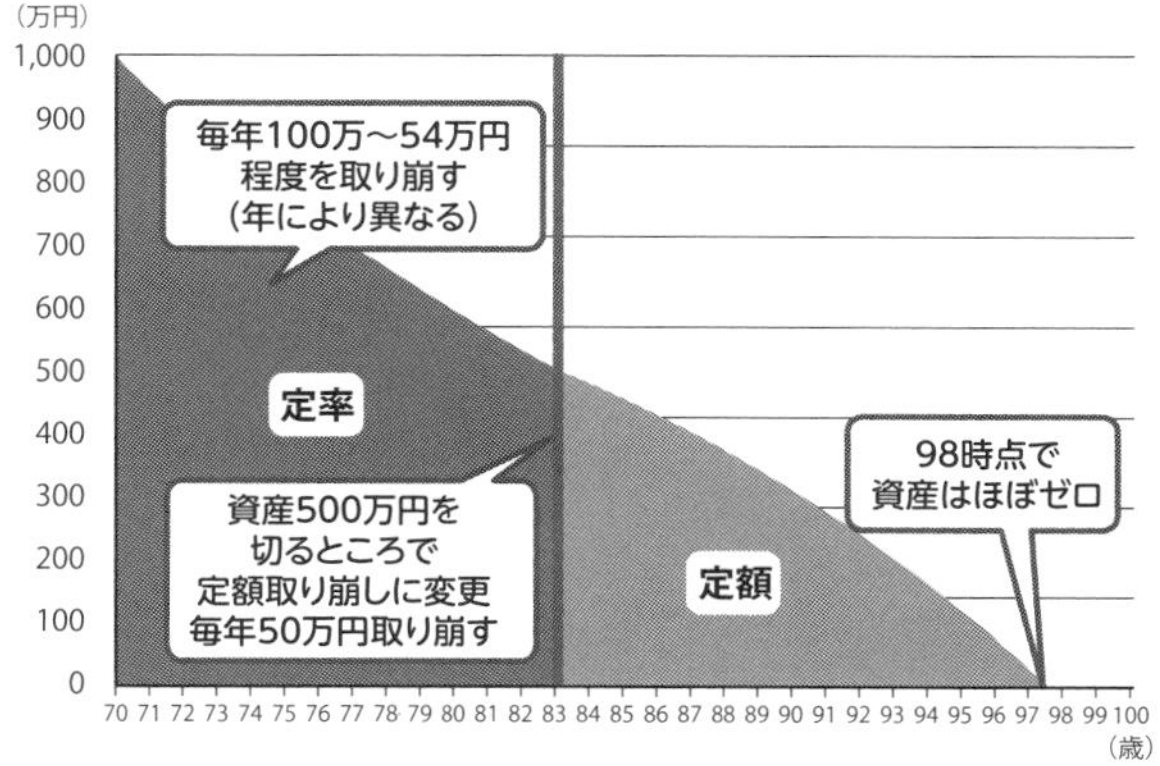

	年金	CF資産	取り崩し資産	合計
【定率取り崩し】70 ~ 83 歳	18万円	1.7万円	4.5万~8.3万円	24.2万~28万円
【定額取り崩し】84 ~ 97 歳	18万円	1.7万円	4.2万円	23.9万円
【取り崩し後】98 歳以降	18万円	1.7万円	ー	19.7万円

㈱ Money&You 作成

終章

必ず来る相場暴落の時、どうする？

1 暴落にどう備えておくか？

投資の格言に「上げ100日、下げ3日」というものがあります。市場の値上がりは緩やかですが、値下がりはわずかな期間で起こることを言い表したものです。

確かに過去を振り返ると、市場は緩やかに値上がりしながらも、数年に一度暴落を見せます。

米国の株価指数「S&P500」と日本の株価指数「日経平均株価」の1980年1月から2024年3月までの推移は、図表終-1、終-2のようになっています。

市場に大きな影響を与えた政治・経済・国際関係のニュースと、S&P500・日経平均株価の値動きを見比べると、特に値下がりのタイミングで連動していることがわかります。

世の中が不安定になると、投資している商品は総じて値下がりしてしまいます。こんな時、無傷でいられる商品はほとんどありません。新NISAでコツコツ投資してきた商品も、値下がりするでしょう。

(図表 終-1) S&P500の推移 (1980年1月～2024年3月)

(株)Money&You作成

(図表 終-2) 日経平均株価の推移 (1980年1月～2024年3月)

(株)Money&You作成

しかし、グラフを見ると、暴落の数年後には再び値上がりして暴落前の水準を回復していることもわかります。

たとえば、2007年のサブプライム問題（低所得者向けローンの返済不能が相次いだ問題）から始まり、2008年9月に起こったリーマンショック（米国の投資銀行、リーマン・ブラザーズが破綻したことをきっかけに世界中に広がった金融危機）の期間では、S&P500は2007年10月をピークに53％も下落しました。しかし、いつまでも暴落を続けたわけではなく、約5年後の2013年3月には暴落前の水準を回復しています。

また、2020年2月の「コロナショック」（新型コロナウイルス感染拡大の影響により生じた経済危機）にいたっては、ピーク時から34％下落しましたが、約半年で暴落前の水準を回復しています。

日経平均株価も同様で、回復までの時間に差こそありますが、リーマンショックやコロナショックのような世界的な暴落があっても、震災の暴落があっても、元の水準に戻していることがわかります。そして2024年2月は、1989年12月末につけた日経平均株

（図表 終-3）市場暴落からの回復年数〈S&P500 の場合〉

起こった年	出来事	下落率	回復までの期間
1987年	ブラックマンデー	-34%	2年
2001年	ITバブル崩壊・同時多発テロ	-46%	6年
2008年	リーマンショック	-53%	5年
2020年	コロナショック	-34%	0.5年

㈱ Money&You 作成

価の終値（3万8915円）を34年ぶりに更新。翌3月には史上初となる4万円台を記録しました。「失われた30年」と呼ばれた1990年代前半〜2020年代前半の停滞期を乗り越えています。

つまり、暴落があった時にもっともやってはいけないことは、慌てて売ること、です。暴落に慌てて売ってしまうと、値下がりしたタイミングで利益（または損失）が確定してしまいます。そのうえ、その後の値上がりによる資産回復の恩恵も受けられなくなります。資産形成期に暴落があったのであれば、2章60〜61ページで紹介したドルコスト平均法を思い出して、淡々と積立投資を続けていればよいのです。

回復までの期間は、図表終-3のとおりまちまちです。早ければ1年程度ですし、長ければ5年程度かかる場合もあります。

2 資産取り崩し期に暴落があったらどうする?

一方、資産取り崩し期に暴落があった場合、運用しながら取り崩していても、資産が思ったより減ってしまう可能性があることは3章で紹介したとおりです。

老後の前半、定率取り崩しをしている時に暴落があった場合、資産の減りは定額取り崩しよりは少なくなりますが、取り崩せる金額が減ってしまう可能性があります。

定率取り崩しをしている老後の前半に何をしたいかにもよりますが、こんな時にはいったん定率取り崩しをストップするのもひとつの手です。しばらくそのまま運用を続けて、資産がある程度回復してから定率取り崩しを再開するようにすれば、資産の減りもそこまで大きくなりませんし、再開した際の取り崩し額も増やせます。

もっとも、定率取り崩しをストップすると、その間は資産取り崩しによる収入が得られなくなってしまいます。その期間は、たとえば預金を取り崩して生活する、支出を抑える、年金＋キャッシュフローを生む資産からの収入でしのぐといった方法が考えられます。もちろん相場の上げ下げを気にせず、定率取り崩しを継続するのもひとつの手です。

一方、定額取り崩しをしている時に暴落があった場合は、定率取り崩しをしている時よりも資産が大きく減ってしまう可能性があります。ただ、定額取り崩しをしているということは、取り崩し資産もすでに半分以下になっていますし、80代、90代となってお金を使う機会が減ってきているでしょう。ある意味「ほぼDIE WITH ZERO」に近づいている状態ともいえます。それであれば、資産を長持ちさせることを考えるよりも、気にせず取り崩してしまったほうがよいかもしれません。

取り崩し資産がゼロになっても、引き続き年金とキャッシュフローを生む資産からはお金を得られますし、もしもの時の預貯金も残っています。お金がなくて決定的に困るという事態にはなりにくいのではないでしょうか。

青春新書
INTELLIGENCE

こころ涌き立つ「知」の冒険

いまを生きる

"青春新書"は昭和三一年に――若い日に常にあなたの心の友として、その糧となり実になる多様な知恵が、生きる指標として勇気と力になり、すぐに役立つ――をモットーに創刊された。

そして昭和三八年、新しい時代の気運の中で、新書"プレイブックス"にその役目のバトンを渡した。「人生を自由自在に活動《プレイ》する」のキャッチコピーのもと――すべてのうっ積を吹きとばし、自由闊達な活動力を培養し、勇気と自信を生み出す最も楽しいシリーズ――となった。

いまや、私たちはバブル経済崩壊後の混沌とした価値観のただ中にいる。その価値観は常に未曾有の変貌を見せ、社会は少子高齢化し、地球規模の環境問題等は解決の兆しを見せない。私たちはあらゆる不安と懐疑に対峙している。

本シリーズ"青春新書インテリジェンス"はまさに、この時代の欲求によってプレイブックスから分化・刊行された。それは即ち、「心の中に自らの青春の輝きを失わない旺盛な知力、活力への欲求」に他ならない。応えるべきキャッチコピーは「こころ涌き立つ"知"の冒険」である。

予測のつかない時代にあって、一人ひとりの足元を照らし出すシリーズでありたいと願う。青春出版社は本年創業五〇周年を迎えた。これはひとえに長年に亘る多くの読者の熱いご支持の賜物である。社員一同深く感謝し、より一層世の中に希望と勇気の明るい光を放つ書籍を出版すべく、鋭意志すものである。

平成一七年

刊行者　小澤源太郎

著者紹介
頼藤太希〈よりふじ　たいき〉
マネーコンサルタント
（株）Money &You代表取締役。中央大学商学部客員講師。慶應義塾大学経済学部卒業後、外資系生命保険会社にて資産運用リスク管理業務に従事。2015年に創業し現職へ。Webメディア「Mocha（モカ）」、YouTube「Money&YouTV」、Podcast「マネラジ。」、Voicy「1日5分でお金持ちラジオ」、書籍、講演などを通してお金の情報を日々発信中。『はじめての新NISA&iDeCo』（成美堂出版）、『定年後ずっと困らないお金の話』（大和書房）など書籍90冊、累計160万部超。日本年金学会員。日本証券アナリスト協会検定会員。宅地建物取引士。ファイナンシャルプランナー（AFP）。日本アクチュアリー会研究会員。

60歳《さい》からの新《しん》・投《とう》資術《しじゅつ》

青春新書
INTELLIGENCE

2024年6月15日　第1刷

著　者　頼《より》藤《ふじ》太《たい》希《き》

発行者　小澤源太郎

責任編集　株式会社プライム涌光
電話　編集部　03(3203)2850

発行所　東京都新宿区若松町12番1号 〒162-0056　株式会社青春出版社
電話　営業部　03(3207)1916　振替番号　00190-7-98602

印刷・中央精版印刷　製本・ナショナル製本

ISBN978-4-413-04697-8